サイエンス㊥超簡潔講座

犯罪学

ティム・ニューバーン＝著
岡邊 健＝監訳　大庭有美・林カオリ＝訳

NEWTON PRESS

謝辞

いつものように、この本を書くにあたって多くの方に支えられてきた。授業を通して多くのことを検証し、内容を修正・改善していった。私は当初、本書を何人かの学生と共同で執筆しようと計画していた。それは期待通りの形で実現したわけではないが、「ＳＡ１０５犯罪と社会（二〇一五〜二〇一六年）」と「ＳＡ４０３刑事政策（二〇一五〜二〇一六年および二〇一六〜二〇一七年）」のクラスにはいろいろと協力してもらった。彼らがこの本のなかに少しでも自分自身の存在を認識してくれることを願っている。また、私を忍耐強くサポートしてくれたオックスフォード大学出版局の編集者ジェニー・ヌギーとアンドレア・キーガン、そして最終稿を丁寧に仕上げてくれたジョイ・メラーに感謝する。

多忙な生活のなか、多くの友人や同僚が時間を割いて本書の草稿にコメントを寄せてくれた。レオ・チェリオティス、ジョージ・メア、コレッタ・フィリップス、ロバート・レイナー、ポール・ロックの寛大なサポートに深く感謝する。初稿に厳正に目を通してくれたデイビッド・ガーランドには特に感謝を述べたい。彼のおかげで、最終稿が大幅に改善され、私は正しい方向に進んでいるという確信をもつことができた。

以下の同僚の助言やサポートにも感謝の意を表したい。ジェニファー・ブラウン、デイビッド・ダウンズ、トレバー・ジョーンズ、インサ・コッホ、ニキー・レイシー、アリス・マクガバン、ジル・ピーエイ、ピーター・ラムジー、メレディス・ロスナー、マイケル・トンリー、タンク・ワディントン、アンディ・ウォード、そしてドン・ウェザーバーン。

最後に、いつも私の最大の支えとなってくれる家族。特に数えきれないほど（本書の最後の段落が形になるまで）私を支えてくれた妻のメアリーには深く感謝している。しばらく前のことだが、ティーンエイジャーになった私の子どもたちが本シリーズを読んで楽しみ、学んでいるのを見て、このプロジェクトに取り組もうと決心した。本書をギャビン、ロビン、ルイス、オーウェン、そして孫のジョージア、フレイヤ、イーサンに捧げる。

目次

1

はじめに

カール・マルクスは、自身の数少ない犯罪に関する見解のなかで、「哲学者は思想を、詩人は詩を、牧師は説教を、教授は概説書を生み出している。そして犯罪者も犯罪を生み出している」と皮肉っている。犯罪を道徳的に考えることに慣れている私たちは、犯罪を避けたり、防いだりするべきものと考える一方で、犯罪自体を生産物の一つとして見ることもできるというのだ。「泥棒がいなければ、錠前は現在のような優れたものになっていただろうか？」と彼は問う。ある行為を「犯罪」とみなし、これらの行為を行う人々を「犯罪者」と呼ぶことで、警察や刑務所、保護観察官から、裁判所の職員、裁判官、そしてもちろん犯罪学者に至るまで、多種多様な職業や専門家が生み出された。私のような者も含め、これほど多くの人々が犯罪から「恩恵」を得ているということは、犯罪学というビジネスが中立的なものではないということを、私たちに（必要な時は）気づかせてくれる。

実際、犯罪学はすこぶる政治的な事業だ。社会的なルールがあり、それらが破られることがあり、破った者が罰せられるからこそ、犯罪学を学ぶ理由がある。しかし、罰せられるのは一部だ。最も権力のある者でさえ法律により制約されるが、そのような立場にある者が行った窃盗、損害、破壊が処罰されることはめったにない。それどころか「犯罪」と呼ばれないことさえある。なぜ特定の事柄が犯罪と定義されるのか、またそのような決定を下す権限は誰にあるのかを注意深く考える必要がある。これについては、第2章で触れる。

アメリカの著名な学者であるエドウィン・サザランドは一九二〇年代に、犯罪学とは社会現象としての犯罪に関する一連の知識であり、その範囲には、法律の形成、法律の違反、そして違反した際の反作用が含まれる、と述べている。この定義については議論すべき点も多々あるが――特に、先に述べた権力者の行動に関しては――、犯罪学とは何かを考えるうえで有用である。

犯罪学の起源は十八世紀後半にある。犯罪の説明に関心をもった人たちが、精神病院の運営や刑務所・裁判の統計収集などの本業と並行して、家内工業のような形で始めたといわれている。このような研究は、十九世紀後半から二十世紀初頭までは、集団的な事業としてではなく、ほとんどが個別に行われていた。さらに、こうした学者のなかには、自らを「犯罪学者」と名乗る者はほとんどおらず、当時、こうした作業は、人類学や法学、政治経済学、精神医学、骨相学、警察学、統計学などと呼ばれていた可能性が高い。

私たちが現在「犯罪学」として認識しているものは、二十世紀の間にゆっくりと徐々に形成されて固まったものだ。その構成分野には（少なくとも）社会学、歴史学、心理学、法学、統計学が含まれている。教科書や学位、大学の学部、学術雑誌、年次学会、学術賞などを伴う研究対象としての注目度が高まっているが、犯罪学は学問そのものというよりも、研究の主題やフィールドとして考えたほうがよいだろう。つまり、デイビッド・ガーランドが言うように、犯罪学には「明確な理論的対象もなければ、独自の調査方法もない」のである。犯罪学はほかの学問分野の理論や方法を利用しているため、「ランデブー主題」——つまり異なる学問的視点をもつ人々が集う場所——と考えるのが最適である。

そのため、犯罪学をどのようにみなし、どのように使用するかについてほとんど合意が見られないのは当然である。では、犯罪学者とは何か。職業を聞かれて「犯罪学者」と答えたときに、どういった反応が返ってくるのかは一様ではない。刑事司法制度の悲惨な状態や、なぜ私たちは人を刑務所に閉じ込めるのかといったことを痛烈に非難する者もいれば、犯罪者を捕まえるのはどんな感じだ？と、興奮して聞いてくる者もいる。または、アメリカのテレビドラマ『ＣＳＩ：科学捜査班』に影響を受けて、犯罪者プロファイリングの最新技術や連続殺人犯について尋ねてくる者もいる。

本文の３ページ目で読者を失うリスクがあるとしても、犯罪学に関するこうした仮定は少し的外れであることを、今ここで認めておこう。私や同僚のほとんどは、日常的に犯罪の捜査に関わっているわけではないし、法医学の専門家はいるものの、ＣＳＩのようなスタイルの仕事は、通常、犯罪学の主流ではない。時折、仕事にワクワクすることもあるが、それは学生の成功を見たときであって、連続殺人犯を追いかけるスリルによるものではない。

読者の方々がこの時点で私を見捨てていないことを願い、この本が実際にはどのようなものなのか、少しだけ述べておこう。私の目的は、犯罪学の本質を理解していただくこと、犯罪学が直面しているより重要な問題を提起すること、犯罪と犯罪者に関するある種の神話を打ち破ることである。そして最新の研究を用いて、犯罪と犯罪性について私たちが知っていること、そしてもちろん、私たちがまだ知っているとは言えないことについても洞察を与えることができればと思う。

まず、犯罪学の中心的な関心事の一つである「犯罪」について詳しく見ていきたい。表面的には単純なテーマに思えるが、見た目以上に深いことがすぐにわかるだろう。実際に犯罪学のこの部分は非常にやっかいなので、何よりもまず、犯罪というものを慎重に扱うことを学ばなければならない。このような注意事項を念頭に置いたら、次は二つの重要な問題に焦点を当てる。第一に、誰が犯罪を行うのか、そして第二に、ここ数十年の犯罪の主な傾向はどうなっているのか、多かれ少なかれ私たちの社会は犯罪が多発するようになってきているのか、また、そのような傾向をどのように説明するのか、である。

犯罪の傾向とともに、犯罪と犯罪性の本質を探った後、犯罪にどう対応し、どう対処するかという問題に目を向ける。フォーマルな刑事司法制度（警察、裁判所、刑務所など）の限界について少し学び、家庭や学校、地域社会など、より日常的な社会統制の役割についいても少し考える。そして最後に、これらにリンクさせつつ犯罪防止についても触れる。犯罪防止は、容易に犯罪を行えないようにすること、犯罪の魅力を薄めることに焦点を当て、急成長している分野だ。

数年前に出版された『*What is Criminology?*（犯罪学とは何か）』という五〇〇ページに及ぶ本のなかで、三十人以上の著者が現代犯罪学のさまざまな側面を検証した。著者らの関心は、犯罪学の本質から、犯罪学をどのように役立てるべきか、犯罪学の目的や影響力に至るまで多岐にわたっていた。この本から浮かび上がってくる犯罪学のイメージは、非常に多様性に富み、批判的な自己検証が十分に行われ、そしてそれぞれの論者が大きく異なる視点と優先順位をもっている、というものだ。このように多くの相違や不一致が存在することは、弱点というよりも強みの源だと私は思う。それは刺激的で重要な疑問に満ちあふれ、可能性に富んだテーマである証だということを示していきたい。

2

犯罪とは何か？

批判的な学者のなかには、「犯罪」に焦点を当てていることが、犯罪学の最もやっかいなところだという人もいる。なぜこれがやっかいなのか。それは、犯罪学の主題について理解を深めるだけでなく、「犯罪学の要点は何か」という重要な問いを私たちに投げかけるからである。実際、犯罪学という概念を完全に放棄し、その代わりにほかのさまざまな問題、たとえばあらゆる種類の逸脱などに注意を向けるべきだと主張する人もいる。逸脱のなかには、伝統的な犯罪学の概念に当てはまるものもあれば、間違いなくその先に行っているものもある。

まず、犯罪をどのように定義すればいいのだろうか？　辞書には何と書いてあるだろうか？　オックスフォード英語辞典ではさまざまな形で定義されている。

一、邪悪な、または有害な行為、違反（offence）、罪、特に危険な性格をもつもの
二、個人や国家に対する違反（offence）（通常は危険なもの）を構成する行為または不作為であり、法律で罰せられるもの

最もわかりやすい犯罪の定義は、おそらく二番目の、犯罪を刑事法の違反とみなすことだ。つまり抽象的にいえば、犯罪とは、刑罰が科せられる可能性のある行為として、私た

ちが刑事法で特定しているものにすぎないのである。しかし、法と道徳は交差する。刑事法では、犯罪自体が間違っていると考えるラテン語の mala in se と呼ばれる犯罪と、禁止されているがゆえに間違っていると考えられる mala prohibita と呼ばれる犯罪がしばしば区別されてきた。要するに、殺人、レイプ、強盗、窃盗などは、ほとんどどこでも禁止されているし間違っていると考えられる行為であるが、法域や時期によってかなり違いが出そうなより幅広い犯罪もあるということだ。

もちろん、民事でも刑罰が科せられる可能性がある。たとえばイギリスでは、移民の輸送や雇用に関連するさまざまな違反があるが、これらすべてが犯罪に当たるとはいえない。狭い刑事法に基づいた犯罪学のアプローチは極めて制限的なため、社会的、政治的、哲学的に非常に重要な問題を無視してしまうこともある。なぜ刑事罰の対象となるものとそうでないものがあるのか?といった疑問は少なくともあるだろう。これについては、第3章で「ホワイトカラー」の違法行為との関連で検証したいと思う。最終的には、厳格な法解釈によって刑事法がそのまま適用されるが、刑事法がどのように執行されるか、そしてなぜそのような方法で執行されるのかなどを問われることはない。刑事法の適用方法は、個人や集団に非常に現実的な影響をもたらすものであり、ひいては犯罪に対する私たちの理解や考え方にも影響を及ぼす可能性がある。つまり、ある犯罪がほかの犯罪よりもはるかに徹底的に処罰されているという事実（たとえば給付金詐欺や万引きがインターネットからの違法ダウンロードよりも処罰されている）は、こうした行為に対する私たちの考え方に影響を与え（どちらがより悪いのか）、人々がそのような行為に関与する可能性にも影響を与えているのだ。

一部の人が求めていたように、私たちが視野を広げて、犯罪は単に法的規範の違反ではなく、道徳的・社会的な規律違反であるということに焦点を当てるとどうなるだろうか？さまざまな点において、これは「逸脱の社会学者」を自称する人々がとったアプローチである。おそらく一九六〇～一九七〇年代にかけて犯罪学を支配していたアプローチであり、現在もかなりの影響力をもち続けている。少なくとも、これにより犯罪学者は、法的には犯罪者でなくても非適合者や逸脱者とみなされそうな行動形態について検証することができる。法的には犯罪ではないにしても、社会秩序と社会統制に関心があるならば、立法者が定義したものだけを犯罪とするような制限は望まないだろう。グラフィティを例に挙げてみよう。

若者のさまざまなサブカルチャー、特にヒップホップに関連づけられるグラフィティは、ここ数十年でかなりの重要度と認知度をもつアーバンアート／社会問題（どちらと考えるかは読者にお任せする）となった。現代的なものの起源を特定するのは難しいが、一九七〇～一九八〇年代にかけてニューヨークで人気になり、目に見える活動が行われるようになったのは確かだ。最初は匿名で活動していたが、次第に「タグ」を使って自分自身を識別するようになった。グラフィティがより精巧になり、様式化されていくにつれて、匿名性はますます疑わしくなっていった。多くの人にとって、グラフィティは一般に公開される芸術の一形態となり、関係者の多くは徐々に有名になっていった。画家のジャン・ミシェル・バスキアは、「SAMO©」というタグをつけてグラフィティ・アーティストとして活動を始めた。二〇一〇年、タイム誌はイギリスのストリート・アーティスト「バンクシー」を「世界で最も影響力のある一〇〇人」に選出した。ある意味、グラフィティは主流になりつつあったが、このような有名人の高価なアートがあるにもかかわらず、その多くは公共交通機関や私有地を汚す荒廃的な存在としか見られていなかった。では、どのように理解すべきなのだろうか？　それは犯罪／犯罪者なのか？　犯罪学者の研究の焦点とすべきものなのか？　後者の答えは、かなり明確に「イエス」である。そして、その「イエス」にはいくつかの理由がある。

一つ目の質問への答えとして、第一の、そしておそらく最も明白な理由として挙げられるのは、「ある状況下では、グラフィティは犯罪として扱われるものである」ということだ。実際、グラフィティに対する当局の反応は、公共空間や公共財産の社会統制、そして若者とその活動に対する認識について、多くのことを教えてくれる。第二に、犯罪学者のなかには、犯罪防止技術とその影響という観点で、グラフィティに対する社会の反応から興味深い疑問を提起する人もいる。これについては第8章でより詳細に再検討する。グラフィティが犯罪学にとって適切なトピックであると考えられる理由はもう一つある。それは、行為の境界線、特に私たちが「逸脱した」または何らかの形で「問題がある」と考えるものについて考察するのに役立つからである。そのような活動に関与する人々の生活に焦点を当てると、私たちは現代の社会秩序に関するいくつかの課題に直面し、あらためて社会秩序や社会を成り立たせるためのさまざまな方法を考えるようになるのだ。

相対性

次に私たちが触れなければならない問題として、多くの犯罪における歴史的・文化的な相対性がある。簡単に言えば、かつて犯罪とされていたものがすべて今も犯罪であるわけではなく、またその逆も然りだ。また、ある場所で犯罪とされるものが、ほかのすべての場所で犯罪として扱われているわけではないということも認識しておく必要がある。つまり、私たちが犯罪の相対性を考える際には、かつては違法であったが今は違法でないもの、かつてはかなり自由に行われていたが今では法的規制の対象となっているもの、そしてある法域では合法であるがほかの法域では違法であるもの、以上三つの考察対象がある。

当然のことながら、かつては違法だったことが、最近では許可されるようになった例は多い。たとえば、アメリカとイギリスでは、中絶はかつて犯罪であった。イギリスでは長期にわたる政治運動を経て、一九六七年に妊娠中絶法が制定され、特定の状況下での妊娠中絶が合法となった。同様に、一九七三年にアメリカで下された画期的な「ロー対ウェイド判決」では、憲法修正第十四条に基づくプライバシーの権利に、妊娠中絶の女性の権利も含まれると裁定された。これらの法改正はどれほど堅牢なものなのか？　異議申し立てはあるもののイギリスでは比較的安定しているが、アメリカでは常に論争の的となっており、近年では保守的な最高裁判事を任命することを約束していたトランプ大統領が当選した際に、この法律の批判者たちが勢いづいていた。もう一つの例は同性愛の合法化である。イギリスでは一九六七年の性犯罪法により、成人男性（当時二十一歳以上）同士の私的な同性愛行為が非犯罪化された。アメリカでは、二〇〇三年の最高裁判決以降、同意を得た同性の成人同士の性行為はすべて合法とされているが、それ以前は州によってかなりの地域差があった。

このような法改正の三つ目の例に、異なる人種間での結婚、異種族混交を禁止する法律と、その後の廃止がある。南アフリカでは、アパルトヘイト政権下の一九四九〜一九八五年の間に、いわゆる「混血結婚」が非合法化された。アメリカでは、十七世紀後半から白人と黒人の結婚を禁止する法律があり、大多数の州は、第二次世界大戦までそのような法律を施行し続けた。二〇一六年のハリウッド映画『Loving（邦題：ラビング 愛という名前のふたり）』で注目されたミルドレッドとリチャード・ラビングという素晴らしい名前をもつ夫婦が起こした訴訟の結果、ついに著しい変化が訪れた。一九五八年にワシントンＤＣで合法的に結婚したラビング夫妻は、その数週間後に二人の結婚を認めないバージニア州で逮捕された。彼らは「連邦の平和と尊厳に反して、夫婦として同棲していた」という罪を認め、一年間の禁固刑を言い渡されたが、州を離れることを条件に執行猶予とされた。数年後、ミルドレッド・ラビングが司法長官ロバート・ケネディに手紙を書くと、アメリカ自由人権協会が彼女の代わりに訴訟を起こした。三年近くの期間を経て、彼らの訴訟は最高裁に達し、一九六七年六月、最終的にはラビングに有利な判決が下された。それにもかかわらず、一部の州では、（たとえ強制力がないとしても）異人種間結婚禁止法が残ったままだった。最後の州となったのはアラバマ州で、二〇〇〇年になってようやく憲法から異人種間結婚の禁止についての言及をすべて削除したのである。

妊娠中絶や男性同士の合意のうえでの性行為、異なる「人種」間での結婚は、ごく最近まで犯罪として扱われていて、現在は合法な行為が多いことを明確に思い出させてくれる。では、かつては自由に行われていたことが、今では刑事罰の対象となっているという逆方向の変化はどうだろうか。三つの大きく異なる例を挙げてみよう。最初のわかりやすいケースに、特定物質の犯罪化がある。大部分は二十世紀の間に犯罪化された。読者の多くは、架空の探偵シャーロック・ホームズが「退屈な日常生活」から逃れるために、コカインを好んだことを知っているだろう。ホームズの作者であるアーサー・コナン・ドイルがアヘンの愛用者であった可能性は十分にあり、チャールズ・ディケンズもアヘンを吸っていたことで知られている。イギリスでは一八六〇年代後半までアヘンが自由に手に入り、ヴィクトリア朝時代にはそのような活動を道徳的に非難することはほとんどなかった。本格的な規制が始まったのは二十世紀初頭である。アメリカは一九二〇年代半ばにはヘロインの製造、輸入、所持を違法としたが、ヘロインを禁止する世界的な運動が本格的に始まったのは今世紀半ばになってからである。現在、ほとんどの先進国では、さまざまな物質に関連する広範囲で複雑な禁止措置がとられており、いわゆる「麻薬戦争」が論争の的になっているにもかかわらず、莫大な資源をなお浪費し続けている。

かつては自由にたしなみ、楽しまれていたが、今はかなりの規制対象となっているのがタバコである。職場の屋内、バーやレストラン、さらには子どもを乗せた車の中で喫煙することを違法としている社会においては、タバコを健康製品として販売促進していた時代のことはますます想像しがたくなっている。一九四〇年代後半には、アメリカのタバコ会社RJレイノルズが、「ほかのタバコよりもキャメルを吸う医師が多い」というスローガンで広告キャンペーンを展開していた。一九五〇年代に喫煙が健康に及ぼす悪影響についてのエビデンスが集まるにつれ、医療従事者をこうした形で利用することは難しくなっていった。しかし、カリフォルニア州がバーやレストラン、密閉された職場での喫煙を禁止した最初の州となったのは一九九〇年代半ばになってからである。また、すべての州がそのような禁止措置を講じているわけではなく、実際、二十を超える州では全州的な禁止措置はない。アメリカの特定の場所では喫煙が制限されているのにほかの場所では制限されていないのだ。錯綜した法律・規制は、法律とは明快なものではなく、どのような行動が問題視されて罰せられるおそれがあるのかを明示するものではないことを物語っている。

最後の例は、夫婦間レイプに関するものだ。アメリカでは現在、五十州すべてで夫婦間レイプが違法となっているが、それは一九九三年以降になってからのことである。夫婦間レイプの犯罪化の手続きは一九七〇年代半ばに始まったが、全米で非合法とされるまでには二十年近くがかかった。イギリスでは一九九一年まで夫婦間レイプは犯罪とみなされず、同年の法改正により、フランスやカナダ、スウェーデン、デンマーク、ノルウェー、ソビエト連邦、オーストラリアを含む国々と同調することになった。この法改正以前である十七世紀には、あるイギリスの判事がこう述べている。

夫は正妻をレイプしても罪にはならない。なぜなら、妻は夫婦間の合意と契約によって、この種の行為を夫に認めたからである。

女性の権利により、ほとんどの先進国では夫婦間レイプが犯罪化されているが、そのような犯罪が存在しない国も数多く残っている。たとえば、ザ・タイムズ・オブ・インディア紙は二〇一六年後半に、非識字率の高さ、貧困、極端な宗教的信仰、結婚の「神聖さ」を理由に、インドでは夫婦間レイプを犯罪化できないと同国のハリバイ・チョードリー内務大臣が発言したと報じている。ある国際的な研究では、親密な関係にある女性に対する性暴力は、女性が最も経験しがちな暴力であると世界的に見られており、その研究結果から、親密な関係にある女性に対する性暴力を犯罪化することは、「ジェンダー平等を達成するための人権的課題」における要点とみなすべきだと、近年、学者たちは議論している。夫婦間レイプは、基準が時とともに変化し、かつては罰せられなかったことが刑事法の範囲内に入るようになったことに加え、法域によってもかなりのばらつきが見られるということを端的に示している。後者のポイントについて、ほかにもいくつか例を挙げてみよう。

世界の二十以上の国々では、背教法、つまり棄教したり、信仰を放棄したりした人々を罰する法律が現在でも存在する。こうした国は主にアフリカ、中東、南・東南アジアにあり、その多くの国で死刑制度が定められている。しかし、近年、そのような罪で有罪判決を受け、死刑に処された人がいるのは、イランだけのようだ。インドやアイルランド、クウェート、フィリピン、ポーランドなどのさまざまな国で冒涜法が存続しており、神聖なものに対する名誉毀損、侮辱的または侮蔑的な表現を罰している。しかし、世界の多くの国では、このような法律は人権的な観点と矛盾するものと考えられている。実際、国連は、「宗教や信仰の自由」と「言論の自由」の両方とも重要な人権であり、冒涜法は「問題のある制約」とみなされるべきという見解を示している。

もう一つ、さまざまな形態の規制対象となる行為として挙げられるのが売春である。こうした行為を許可している国と許可していない国を単純に区別するのではなく、実際、ここではもっと鋭く考察する必要がある。売春を犯罪化している国は、大まかにいうと、わずかに異なる三つの立場をとっているといえるだろう。まずは、売春行為のあらゆる側面を犯罪化することで、現実的に可能な限り売春を禁止しようとする国である。対照的に、売春を社会問題としてとらえ、公共の安全や社会秩序が何らかの形で脅かされている場合にのみ法的介入が必要だとするアボリショニストの立場もある。そして、売春婦ではなく、ヒモや客といったほかの人々に関心を向けるアボリショニズムの下位カテゴリーもある。より寛容、あるいは非介入的なアプローチをとる法域は、刑事法以外の手段で売春を規制して売春を非犯罪化するものと、売春をほかの職業と同様に扱えるように特別に合法化するものとに分類できる。

最後の例は、犯罪化に関連し、「発達の相対性」、あるいは年齢別の法と呼ばれるものだ。私たちは刑事裁判になると、すべての人間を同じように扱うことはない。当然、成人、少年、幼い子どもを区別し、成人の場合は、特定の例外を除いて自らの行動に完全に責任を負うことができるものとして扱う。これとは反対に、少年の場合は、法にそむいた成人よりも、もう少し保護したり配慮したりする必要があると仮定し、自由裁量の余地をもたせるのが一般的だ。このため、ほとんどの法域では、行為に対する刑事責任を問われない年齢の上限がある。これは一般的に「刑事責任年齢」と呼ばれており、アメリカの一部の州では七歳（ほかの州では十二歳まで）、イングランド・ウェールズ、オーストラリアでは十歳、デンマークでは十五歳、スペインでは十六歳、ブラジルでは十八歳となっている。「刑事責任年齢」が国によって異なるという事実は、これまでに述べてきた犯罪の相対性を示すよい例である。

一般に若年犯罪者に関しては、国によってその扱いが大きく異なる。一九九三年のイギリスで、母親と買い物に出かけていた二歳の幼児、ジェームズ・バルジャー君が、母親が姿を見失った隙に誘拐され、長時間にわたる捜索の末、数マイル離れた線路の近くで遺体で発見された。彼は残忍な暴行を受けていたが、最も衝撃的だったのは、二人の加害者が事件当時十歳の少年だったということだ。当時のイギリスの刑事責任年齢は十歳であったため、二人の少年は原則として刑事裁判所で裁判できる条件を満たしていた。そのわずか一年後の一九九四年、ノルウェーでは、五歳の女児シリエ・レデルガードちゃんが、一緒に遊んでいた六歳の少年二人から暴行を受け、重症を負って亡くなった。ノルウェーでは、刑事責任を問われる年齢が十五歳のため、起訴されて刑事裁判になることはなかった。この点では、両事件はまったく比較できないが、事件を通じてより多くのことが明らかになる。ノルウェーでは、二人の少年の身元が明かされないように保護され、また少年らが助けや支援を得られるように力が尽くされた。国内では、この事件は偶発的で悲劇的な事件であり、専門家の介入が必要な事件だとみなされた。対照的に、バルジャー君事件の二人の加害者はすぐに特定され、メディアで極めて厳しい扱いを受けた。そしてイギリス社会におけるより広く深い問題の兆候とみなされ、裁判にかけられて長い刑期を宣告された。この二つのケースは、単なる刑事責任年齢の話ではなく、若者による犯罪が法域によって異なる扱いを受けるということを明確にしている。おそらく、このような犯罪がアメリカで起こっていたら、加害者はさらに長い刑期に服していた可能性が高い。イギリスでは十八歳で出所するであろうが、アメリカでは出所することはなかったかもしれない。

刑事司法の焦点

もう一つ、この二つの事例からわかるのは、私たちは刑事司法の過程（警察、検察、裁判所）を通じて、犯罪者をつくり上げているということである。つまり、逮捕、起訴の過程を経て有罪判決が出ると、判決を与えて「犯罪者」のラベルを貼っている。二十世紀半ばにおける社会学的犯罪学の偉大な貢献の一つ、いや、おそらく最大の貢献となるものは、私がすでに「犯罪化」と呼んでいる過程に注目したことである。特定の行動、ひいては特定の人々に、「犯罪／犯罪者」というラベルがどのように貼られるかに焦点を当てることで、なぜ犯罪を社会的に構築されたものと見るべきなのかを明確に説明できる。この視点から始めると、ある行動がどのようにして逸脱者や犯罪者と定義されるようになるのか、なぜ特定の個人や集団が逸脱者／犯罪者とみなされるのか、そしてラベルを貼られた結果がどのようなものになるのかを問わざるを得ないのである。一九九三年のイギリスにおける刑事責任の年齢が十二歳であったならば、バルジャー君事件の二人の若い加害者は起訴されることはなく、別の形式での介入があり、彼らは「犯罪者」として定義されなかっただろう。彼らの人生は違ったものになっていただろうか。それは、ほぼ間違いないだろう。

何が／誰が「犯罪／犯罪者」のラベルを貼られることになるのかという疑問は、必然的に権力の重要性について考えることにつながる。誰がルールをつくっているのか？　そのルールは誰に影響を与えているのか、あるいは誰を守っているのか？　ルールは平等に適用されているのか、平等でないとすればなぜなのか、その結果はどうなるのか？　これを知る最も簡単な方法は、たとえば所得と財産、性別、エスニシティなどといった社会的に大きな区分を取り上げ、法律がどのように執行されているか確認してみることである。二つの簡単な例を挙げてみよう。まず、アメリカでは「ストップ＆フリスク」と呼ばれ、イギリスでは「ストップ＆サーチ」と呼ばれる基本的な警察権力の行使についてである。警察は誰をストップさせるのだろうか？　二〇一五年のニューヨーク市では、警察官によるストップが合計２万２９３９件行われた。止められた人のうち、１万２２２３人は黒人（54％）、６５９８人はラテン系アメリカ人（29％）、２５６７人は白人（11％）だった。国勢調査により、市民の40％以上が白人、約四分の１が黒人とされる都市で、である。イングランド・ウェールズの公式データによると、人口10万人当たりのストップ＆サーチ率は白人で約15

人、黒人で約65人だった。つまり、４倍以上の差があるということになる。

特定のグループが不相応に犯罪者にされがちなこと、つまり起訴されたり処罰されたりする可能性が高いことは、特定のグループやカテゴリーの人々に対する社会的態度や一般化した憶測が重要だということを潜在的に示している。オーストラリアの先住民を例にしてみよう。概して、オーストラリア先住民の成人は、非先住民に比べて14倍近く収監される可能性が高いと見られている。また、先住民の少年の拘留率は10万人当たり４００人近くと、非先住民の少年の約30倍である。その理由は何だろうか。もちろん、一つの可能性として、彼らが犯罪に深く関わっているということが考えられる。このことを裏付けるエビデンスもいくつかあるが、このような犯罪への過剰関与は、「リスク要因」（第３章で詳しく説明する）となるものが彼らに集中していることで説明がつく。そしてそれ以上に重要なのは、警察やそのほかの権力が意図的にこうした人々を標的にしていることである。ニューサウスウェールズ州のある調査によると、先住民の四分の三以上は二十三歳までに警察から警告を受けるか、少年司法「カンファレンス」に持ち込まれるか、法廷で有罪判決を受けるといわれている。一方、非先住民の場合は17％である。ニューサウスウェールズ州の刑務所に収容されているオーストラリア先住民の数が、二〇〇一～二〇一五年の間に2倍以上に増加していることも驚きではないだろう。

刑事司法制度の焦点が差異的であることを示す二つ目の例は、さまざまなタイプの金融詐欺に対する当局の反応だ。イギリスでは、税金の徴収とコンプライアンス調査は、英国国税庁(HMRC)が担っている。納税者のなかには、全体の約0・02%に当たる「富裕層」と呼ばれる少数集団があるが、こうした個人による租税回避や脱税の基本的「リスク」は数十億ポンドに及ぶとされる。二〇一六年までの五年間で70件のケースが調査の対象となり、そのうちの2件が犯罪として捜査され、最終的に1件が刑事訴追された。対照的に、毎年約8000~9000人の人々が給付金詐欺と呼ばれる罪で起訴されている。これは権利のない福祉給付金を不正に請求したり、個人的な状況の変化を報告しなかったりするもので、そのようなケースの約5%が実刑判決を受けている。犯罪者が裕福な場合、起訴されることはまれである。州の関心は損失を回収することにあり、そのほかの形態の処罰には関心がない。このようなケースを起訴すること自体が困難であるということも理由の一つだ。一方、犯罪者が貧しい場合は、損失がはるかに少ないにもかかわらず、刑事訴追の可能性が非常に高いということに変わりはない。

最も正確な推計によれば、給付金詐欺は年間で合計24億ポンド近くに上っている。一方で、民間セクターにおける詐欺は、控えめに推定してもイギリスの経済に年間1400億ポンド以上の負担をかけている。前述の通り、起訴されることはまれであり、企業によるハームの多くは、事業成功のための不幸な副作用とみなされ、無視される。多くの犯罪学者がしてきたように、企業が引き起こす問題はちょっとした異常や逸脱などではなく、機能の中核であるというまったく異なる見解をとることもできる。健全性を脅威にさらしかねない彼らのような存在に私たちは異議を唱えなくてはならないようだ。

犯罪かハームか?

これまで犯罪という概念に少し触れ、それが何を意味するのかについて一連の疑問を投げかけてきた。犯罪という概念は思ったよりも単純ではないということが説明できていればと願う。実際、先に示したように、犯罪という概念に問題があるとみなし、犯罪学全体に疑問を抱く人もいる。では、代替案はあるのだろうか？　最も一般的なのは、犯罪からハームに焦点を移すという案だ。これを論じる理由の一つに、犯罪学の主題である「犯罪」には存在論的な現実がないということがある。私たちが「犯罪的」であるとラベルを貼っている行動や行為、出来事には、そのようなラベルを貼っているという事実以外に、本質的な共通点がないとする、かなり簡単な考え方である。つまり、犯罪学者が研究するものは、現実はかなり異なるものであっても、同類であり、一貫性があるような誤った感覚を「犯罪」概念が抱かせているということだ。たとえば、飲酒運転、売春、大麻使用、レイプ、なりすまし、連続殺人を刑事法以外で結びつけることはできるだろうか？

結果として、犯罪学のまた別の主要な研究対象である「犯罪者」にも、同様の指摘ができる。「犯罪者」という用語は、これらの人々が何かを共有している、共通の何かをもっていることを暗示しているが、犯罪者のラベルを貼られて有罪判決を受けたという共通点以外に、実際に何かを共有しているだろうか。私たちは公的にも政治的にも、それらに共通点があるかのように話し、振舞っている。現在も、こうした考え方をする犯罪学者はいるが、一歩下がってみよう。犯罪者は、非犯罪者とは構造的に（遺伝的に、生物学的に、心理学的に、社会的に）異なる階級に属するのだろうか。アメリカには約2億5000万人の成人がいるが、およそ何人に犯罪歴があるか（正確には難しいだろうが）当ててみてほしい。100万人？　1000万人？　実はアメリカでは6500万人の成人が犯罪歴をもっていると考えられている。つまり、アメリカ人の成人の四分の一以上が少なくともなんらかの犯罪で有罪判決を受けているということだ。とはいえ、これらの犯罪のほとんどは比較的軽微なものであり、極めて重大な犯罪ではない。そしてもちろん、そういった犯罪は均等に分散しているわけではないので、年齢やグループによっては犯罪の割合が非常に高くなることもあるだろう。

それでも、犯罪者（前科のある人）と非犯罪者が構造上、異なると考えられるだろうか？おそらく私はそうではないと思う。まだ確信がもてない人のために、「犯罪者」を別のカテゴリーの（肉体的に、道徳的に、または気質的にほかの人とは違う）人間として扱うことは、まったくばかばかしいということを説明しておこう。ここで簡単な疑問を一つ自らに投げかけてほしい。自分、または自分の近親者が、次の行為のうち少なくとも一つを行ったことがあるか？（大麻を吸った、血中に過剰なアルコールを含んだ状態で車を運転した、店から何かを盗んだ、有料であるはずの音楽やその他の素材を無料でダウンロードした）

数万の種類に及ぶ犯罪のなかからたった四つの非常に限られたリストだが、あなたは「ノー」と答えただろうか。もしそうなら「おめでとう」と言おう。しかし、そう答えた人はごく少数派である。理由は簡単だ。原則として刑事告発につながる可能性はあるものの、これらはすべてとてもよくあることだからだ。こうした行為をしたことがある人の割合を推定するのは簡単ではないが、実際に見てみよう。

・大麻の使用……世界薬物報告書によると、一年に少なくとも一度は大麻を使用している人の割合は、ドイツで５％、カナダで12％、イタリアとニュージーランドでは15％であった。もちろん、生涯の大麻使用率はさらに高い。イングランド・ウェールズの犯罪調査によると、成人の三分の1以上（36％）が人生のどこかの時点で違法薬物を使用したことがあるとしている。

・血中に過剰なアルコールが含まれている状態で車を運転したことがある……自己申告調査では、回答者の四分の一から半数は、アルコールを飲んでから数時間以内に車を運転したことがあると報告している。なお、これらは「法定許容アルコール量を超えている」という意味ではないが、リスクがあったということを意味している。

・万引き……多数の自己申告の研究が存在し、結果は大きく異なっているが、最も信頼性の高い研究では、25～50％との調査結果が出ている。

・有料のはずなのに、無料で音楽やその他の素材をダウンロードした……繰り返しになるが、これを推定することは難しい。人口約2300万人のオーストラリアのある報告書によると、二〇一四年には300万人近くのオーストラリア人が一カ月間にトップ2のダウンロードサイトを訪問したと推定されている。しかし、だからといって、彼らのすべて、あるいはほとんどが実際に違法にダウンロードしたとはいえない。一方で、一年のうち一カ月だけの調査であり、数千あるサイトのうち二つのサイトだけしか対象としていないともいえる。

少なくとも、「犯罪」や「犯罪者」などの用語を議論する際には細心の注意が必要であること、また、最も一般的な用語として「犯罪」や「犯罪者」を使用する際には、特に注意が必要であることを、この短い解説でご理解いただけたのではないだろうか。

では、殺人犯やレイプ犯など、非常に重大な犯罪者をほかの人々と区別することは可能かという、より具体的な疑問についてはどうだろうか。繰り返しになるが、答えは事実上「ノー」だ。しかし、これは複雑な質問である。より重大で、頻度の低い犯罪行為には、多くのリスク要因が関連しているという可能性を示す一連の研究があり、大きな成長を見せている。たとえば、人生の早い時期に始まる「早期開始」犯罪は、後の人生で長期にわたり犯罪に関与したり、より重大で暴力的で危険な犯罪に関与したりする可能性を高めることと強い関連がある。また、家族の離別や家庭内暴力、家族以外に育てられたなどといった家族の要因の多くは、重大犯罪や暴力的な犯罪のリスクを増加させることに関連している。同様に、早期のアルコールやその他の薬物の乱用も重要なリスク要因である。

これらの問題に加え、犯罪学者は現在、重大犯罪、特に非常に重大で暴力的な犯罪の原因として、生物学的・心理学的要因に注目するようになっている。これはある意味、十九世紀後半から二十世紀初頭の初期の犯罪学者たちの関心事へ回帰している部分があることを指している。そうした関心は二十世紀の後半になると薄れていき、時代遅れとみなされたが、現在では生物社会的要因と呼ばれるものが犯罪学の議題としてしっかりと戻ってきている。そうした研究は、特に暴力などのより重大な形態の犯罪、長期的な犯罪への関与が疑われるさまざまな特徴を特定しようとしている。リスク要因には、組織化能力や集中力、知能や作業記憶力の低さなど、多くの神経心理学的または認知的障害が含まれ、また衝動性や攻撃性の早期出現など、ほかの形質も含まれている。さらに、出生時の合併症や妊娠中の喫煙や飲酒による脳の発達異常など、人生のかなり早い段階における要因も多数存在し、これらは後年の暴力、時には極端な暴力に関連することがある。しかし重要なのは、このような特徴が見られる人のなかで、重大犯罪を実際に行ってしまうのはごく一部であるということだ。リスク要因は重大な影響を与えるものであるが、ある特徴を必ずもたらすわけではない。これらのことについては、関連する議題とともに第3章で振り返りたいと思う。

最も重大な犯罪に対して、国民やメディアが先入観をもっていることは十分理解できるが、実際は、犯罪とみなされるものの大部分は、かなり些細なこと（ハームはほとんどない）である。このことは、何を達成するために刑事司法と刑事制度が設定されているのかという重要な問題を提起する。罰するためなのか、またはハームや損害を引き起こす最も重大で最悪な行動を阻止しようとするためなのか？　そうでない場合は、いったい何をしようとしているのか?

犯罪と呼ばれる一連の問題のなかで最も重大なものが、最終的に刑事司法制度にまで至ることはめったにない。意外に思われるかもしれないが、これは二つの方法で説明することができる。第一に、最もわかりやすいのが、国家が引き起こした暴力行為や横領行為によるハームである。これらのなかには、国際的な基準や条約、法律によって統制されているものもあるかもしれないが、ほとんどがそうではない。仮に「犯罪者」というラベルを貼られ、国際法廷で処罰される可能性があったとしても、そのような行為が起訴される可能性は非常にまれである。たとえば、ニューヨークに拠点を置く人権ＮＧＯのThe Center for Constitutional Rightsは、ジョージ・W・ブッシュ大統領の政権下で行われた憲法違反を「記念碑的な規模」と表現している。デズモンド・ツツ大司教は、ブッシュ大統領とトニー・ブレア元英国首相の両方に、ハーグで戦争犯罪の裁きを受けるよう求めた。このような決断を下したのはツツ大司教一人だけではなかったが、元リーダーたちが実際にオランダに立ち入ったとは想像し難い。第二に、先に示唆したように、企業や法人が与えた多くのハームは犯罪に当たる可能性があるにもかかわらず、ほとんど起訴されることはない。

近年、世界中の企業が与える膨大な数の環境上のハームに注目が集まっている。国連に宛てられたある報告書によると、二〇〇八年には、上位３０００社の株式会社が

2兆1500億ドル相当の環境被害をもたらしたという。また報告書によると、これらの企業が損害賠償責任を問われた場合は、少なくとも利益の半分を失うことになるだろうとし、なかには会社をたたむところもあるだろうと記した。環境に対する「犯罪」に焦点を当てた「グリーン犯罪学」と呼ばれる一連の研究は、ますます増加している。

このような欠点ゆえに、刑事司法はあまり効果的ではないと批評家が私たちにくぎを刺すのは驚くべきことではない。刑罰の量や厳しさが両方増したとしても、犯罪率は依然として高いままであることが多く、懲役やその他の刑罰の形態を適用しても、概して再犯や常習犯の割合は同様に高い。さらには、刑事司法制度に頼ることによって、よりインフォーマルで潜在的には効果的な対処法を無視しているという主張もある。たとえば、隣人との紛争がささいな暴力に発展し、刑事問題と定義された場合、あらゆることが始まってしまう。一方の当事者を犯罪者として、もう一方を被害者として扱う傾向があるが、公平さと正義がどこにあるかを含めて、物事はこれほど明確でない場合が多い。いったん起訴されると、被害者は以後の訴訟手続きからはほとんど排除されるが、このこと自体に傷ついて、苦痛を受ける可能性がある。最後に、この例は訴訟につながった隣人との紛争を取り上げたが、実際には裁判所に問題を提起しても解決されないことや、より問題が悪化することもある。ほかの手段で紛争を解決する機会を失うことは、社会にとって非常に大きな損失であると主張する人もいる。このような見解があるからこそ、たとえば修復的司法や真実と和解のための委員会のような、さまざまな形での代替的司法制度への関心が高まっているのである。

では、どのように結論づければよいだろうか。まず、犯罪という概念をかなり慎重に扱う必要がある。極めて異質な行為を、あたかもそれらの行為に共通する特徴があるかのように一括りにしてしまうことの危険性を認識しなければならない。犯罪者という言葉も同様である。その結果、犯罪学の主題として認められるものに、厳格すぎる境界線を引くことにも注意しなければならない。確かに、犯罪学者は犯罪に関心をもっているが、この章で説明したような非常に広義の意味においての関心であり、ほかの関心を排除しているわけではない。次の議題は、誰が犯罪を行うのか、についてである。

3

誰が犯罪を行うのか？

表題の質問にはどのように答えるだろうか？　まあ、最もわかりやすいのは、誰が警察に逮捕され、誰が起訴され罰せられているかを調べることだろう。誰が犯罪を行うのかを理解するためには、刑事司法制度によって裁かれた人物に目を向けるべきである。その理由はたくさんある。警察、裁判所、刑務所、保護観察所などの刑事司法制度は、「犯罪」に対応するために、現代になってつくり上げられた制度だからだ。

かなりの割合の人が生涯に一度は有罪判決を受けるだろうと前章で指摘したが、犯罪記録を見るとそのことがよくわかる。初期に行われた古典的な縦断的研究によると、一九四五年にフィラデルフィアで生まれた男性の約三分の一が、十八歳までに警察と接触していた。また、ピッツバーグ青少年研究が行った最近の研究では、研究対象の約四分の一が十九歳までに暴行で逮捕され、約20％が重大な窃盗で逮捕されていることがわかった。イギリス政府が実施した大規模な調査分析からは、男性の三分の一（33％）が十八歳までに暴行で逮捕され、女性の10％弱が三十代半ばまでに有罪判決を受けることが明らかになっている。

繰り返しになるが、これらの数値はもう少し精査する必要があるため、ここで一度立ち止まるべきだ。一般の人々が、前科がある（つまり逮捕され、起訴され、刑事裁判所で有罪判決を受けている）男性の割合を予想した場合、ほとんどの人は三割以下の数字かもっと低い数字を答えるだろう。予想の割合が非常に高い場合は、「犯罪者」が人々の主流から外れた異端者であるという考えが嘘になってしまう。実際はまったくの逆である。第２章でも見てきたように、これは犯罪全般に焦点を当てたものであるため、特定の犯罪に焦点を当てれば、また別の答えが出てくるかもしれない。本章の後半で重罪犯や累犯者について考えるときに再びこの質問に戻りたい。

逮捕や有罪判決のデータからは興味深い知見が得られるが、ここまで本書を読んできた方なら、このような情報に頼ることには問題がある――少なくとも限界がある――ことに気づいているかもしれない。すべての犯罪が警察の目に留まるわけではなく、それゆえ刑事司法制度によって裁かれるわけでもない（これについては第４章で詳しく見ていく）。実際、イギリスの公式データによると、犯罪者として特定されるのは全犯罪の６％以下であることがわかっている。このような限界があることを考慮した場合、何か代替手段はあるだろうか？　その答えとなるのが、犯罪行為について質問する調査方法、すなわち「自己申告」アプローチである。しかし、人はどの程度まで正直に答えるのか？と尋ねる人もいるかもしれない。事実、長年にわたる科学的評価では、きちんと実施されてさえいれば、自己申告調査は概ね信頼でき、有効なものであるという考えが優勢だ。

最も歴史ある自己申告研究はイギリスのケンブリッジ非行発達研究であり、半世紀以上にわたって、400人以上の男性の生活を、面接や犯罪記録の分析を組み合わせて追跡してきた。少年たちは皆、ロンドンの比較的貧しい労働者階級地域の出身で、犯罪の自己申告率は予想どおりに高く、十〜十八歳の男性の四分の三が、八つの犯罪の選択肢のうち少なくとも一つを行っていたことがわかった。また大多数の男性（94%）が、四十代後半までに少なくとも一度は犯罪を行ったと報告している。このような調査結果は、ほかの主要な自己申告調査でも広く見られることから、犯罪は非常に一般的であり、少数派に限定されるものではないということがわかる。

犯罪はごく一般的かもしれないが、総じて、特に若者層にはそうした傾向があるようだ。実際、「年齢犯罪曲線」の存在のおかげで、犯罪学者は強い確信をもってこの話ができるのである。年齢犯罪曲線は、思春期には犯罪活動やその他の反社会的行動をする可能性が高くなり、十代後半にピークを迎えた後は急速に減少し、比較的少数の人々が三十代、四十代、またはそれ以降にも罪を犯し続けるということを指し示している。このような一般的なパターンがさまざまな国の研究、異なる時期の研究、男性と女性の研究、そしてすべてのエスニック集団の研究で発見されている。実際、年齢と犯罪には強い関連性があるため、年齢犯罪曲線はしばしば「普遍的知見」と表現される。

年齢に加え、性別によっても犯罪パターンが非常に大きく異なることはこれまでも見てきた。犯罪の大部分を男性が占めており、刑事司法制度のどの段階でも男性が多くなっている。法執行機関から収集したアメリカの統一犯罪統計（ＵＣＲ）のデータによると、女性の割合は10～20％と推定される。女性の犯罪で最も多いのは詐欺で、全体の四割弱を占めている。また、破壊行為と加重暴行が二割以上となっている。ちなみに殺人は一割強である。

繰り返しになるが、自己申告の研究でも同様にこのような違いが見られる。イギリスのシェフィールド市で実施されたごく初期の研究では、少年たちのさまざまな活動に関する質問をした。そのなかには犯罪となるものもあれば、逸脱はしているが犯罪ではないものもあった。学校のずる休みや破壊行為、学校での窃盗については、少年と少女の間にはわずかな差しかなかったものの、強盗や万引き、暴行といった明確な犯罪への関与は、男子からの申告の割合が著しく高い。ニュージーランドで１０００人の男女を対象として実施された最近の大規模な研究によると、幼少期から二十一歳までの間では男女の違いが一貫して見られ、全年齢において男性の割合が多いが、思春期では、反社会的行動や薬物・アルコール関連の犯罪において、男女間により多くの類似性が見られた。とはいえ、犯罪は主に青少年の活動であり、男性に偏っているというのが、研究が示す一貫した見解である。

では、人種やエスニシティによる差はどうだろうか？　自己申告の研究は、一部のマイノリティ集団で、特に黒人において、犯罪に関与する確率がより高くなることを示している。しかし、社会経済的な地位を考慮に入れると、そうした差は消えるようだ。逮捕から収監までの刑事司法プロセスのほとんどの段階において、一部のエスニックマイノリティが極端に多い傾向にある。たとえばアメリカでは、黒人は白人に比べて強盗で逮捕される可能性が約6倍、殺人で逮捕される可能性が約5倍、財産犯罪全般で逮捕される可能性が2倍以上とされている。このように大きな差ができるのは、二つの点で説明できる。まず、黒人による犯罪への関与が増えた結果、特に警察の注意を引くような犯罪の種類が増えたことが挙げられる。これは一般的な社会的・教育的不利益から、警察のような権力者との衝突の可能性を高める対抗的なストリート文化の発展に至るまで、多くのことによって引き起こされた結果なのかもしれない。

ロバート・サンプソンとその研究チームは、黒人のほうが白人に比べて暴力を振るう確率が85％高いのに対し、ラテン系の人では10％低いという事実を究明するため、シカゴの近隣地域を調査した。そしてこの差を説明するには、地域の社会的背景が非常に重要な要因であることを見出した。また社会的差別が、多くの犯罪と関連する主要なリスク要因（貧困、家庭崩壊、貧しい教育機会など）や保護要因（高い教育への期待、非行のない仲間との関わりなど）にさらされることと密接に関係しているという結論に至った。つまり、生活をしている場所によって、貧しい黒人の若者は、より多くの主要なリスク要因にさらされる一方で、主要な保護要因はきわめて少ないということになる。

犯罪への関与の違いに焦点を当てるのではなく、刑事司法制度の運用のされ方による選別のプロセスがあるとして、特定のグループに対する公的な注目に焦点を当てるべきとする見方もある。特に、警察の組織運営は、有色人種の人々を標的にし、その後の警察、検察、および判決手続きによって、逮捕、有罪判決、処罰につながる確率を高めるとされている。要するに、刑事司法プロセスにおいて、差異的で差別的な対応があるということだ。第三の可能性として、犯罪への関与の差と制度による選別の両方が組み合わさり、司法制度においてマイノリティが過剰に目立つことになったとも考えられる。犯罪学者の間で意見は一致していないが、こうした違いを説明しようとする試みのなかで最も支持を集めているのは第三の可能性である。

先に進む前に、ここで簡単に要約しよう。公式の刑事司法と自己申告データの両方から、犯罪は珍しいことではないとわかる。私たちのほとんどは、非常に重大なものではないにせよ、人生のどこかでいくつかの犯罪を行っている。さらに、かなりの割合の人が、中年になるまでに少なくとも一つの犯罪歴をもっている。しかし、犯罪にはほかのパターンがあることも知られている。何よりもまず、ほとんどの犯罪は若者が行っており、十代後半以降は減少する傾向がある。第二に、犯罪は主に男性によるもので、ほとんどの種類の犯罪において、少年／男性の割合が少女／女性の場合よりもかなり高い。そして第三に、一部のマイノリティのエスニック集団でほかよりも犯罪率が高いように見えるのは、社会的・経済的な不平等、そして刑事司法と刑罰制度のあり方、この双方の組み合わせが鍵となると考えられている。

では、収入・財産、社会的地位、社会的階級についてはどうだろうか？　これらは犯罪とどのように関係しているのだろうか？　刑事裁判所が扱う犯罪の大部分が比較的貧しい人々によって行われていることが知られている。実際、犯罪をどのように評価するかにかかわらず、犯罪においては社会的地位の低い人々が数の上で圧倒していることが見てとれる。オーストラリアの犯罪学者ジョン・ブレイスウェイトは、「下流階級の大人は中流階級の大人よりも警察沙汰になる犯罪に関わることが多い」と述べている。しかし、ここで重要なキーワードは、「警察沙汰になる犯罪の種類」である。社会的に恵まれた人たちの犯罪はどうだろうか。前述したように、近年、犯罪学における重要な研究は、学術的な（そして社会的な）焦点を「社会的ハーム（身体的、心理的、感情的、経済的なハームを問わず）」へとシフトしている。このようなアプローチにより、労働災害や労働死亡事故、環境犯罪、企業の「犯罪」やそのほかのホワイトカラー犯罪、国家が犯した「犯罪」など、ともすれば無視されがちな問題への注意を高める可能性がある。

ホワイトカラー犯罪

権力者が引き起こす犯罪のほうがより大きなハームを与えるにもかかわらず、国家や犯罪学者は、権力のない者の犯罪に焦点を当てる傾向にある。ホワイトカラー犯罪を行う人々について、どんなことが知られているだろうか。ホワイトカラー犯罪者の人口統計学的特徴は、刑事裁判所にあふれかえっているような、侵入盗や暴行、窃盗、器物損壊などといった犯罪で有罪判決を受けた人の典型的なプロフィールとは多少異なる。この議論では、後者による犯罪を「ストリート犯罪」と呼ぶことにしよう。ホワイトカラーの犯罪者は年齢が高い傾向にあり、初めて有罪判決を受けたときの初犯年齢を見ても、三十代後半から四十代前半の人生の後半に犯罪を行い始めることが多い。これは、犯罪が相対的に複雑であり、犯罪を行うには職場あるいは職務上で、ある程度の経験が必要であることを反映している。ホワイトカラー犯罪者のエスニシティに関するデータは非常に乏しいが、欧米では重大な犯罪形態においては白人が多い傾向があるようだ。

「ストリート犯罪」と「ホワイトカラー犯罪」の両方で一致する変数の一つに性別があ

る。どちらの場合も犯罪者は女性が少数派となっており、女性がホワイトカラー犯罪に関与している場合は、そのほとんどが低レベルの犯罪で、特に小規模な横領などの犯罪に関与していることが調査で示されている。これはある意味、ビジネスの世界における男女の職業プロフィールが異なることにより、与えられる機会も異なるということを反映しているかもしれない。犯罪者の階級的背景に関しては、ホワイトカラー犯罪者の大部分は、比較的高収入の職に就いていることから「中流階級」に分類される。しかし、インターネットを介した詐欺が頻繁に発生する現代では、この社会的な背景のイメージも変わりつつある（「ホワイトカラー犯罪」という表現が今も有用であるかどうかも論点である）。

この節を終える前に、前記のような犯罪がもたらす被害の規模について簡単に振り返ってみよう。ホワイトカラー犯罪の被害額を推定するのが非常に難しいのは、被害者の多くが、自分が犯罪の対象であることに気づかないからである。それにもかかわらず、アメリカにおける職業上の窃盗と従業員詐欺の被害額は驚異的で、年間８０００億ドルの損失と推定されている。これは被害者にかかる費用のみであり、犯罪防止や起訴に関連した費用は含まれていない。偽造品や海賊版による損害額はそれぞれ２０００億ドル以上で、保険金詐欺、小売詐欺、健康保険詐欺の被害はそれぞれ４００～８００億ドルとなっている。

暴力や侵入盗、窃盗など、刑事裁判所が頻繁に取り扱う「ストリート犯罪」により被害者が受ける損失は、アメリカで約８３４０億ドルと推定され、職業上の窃盗や従業員詐欺の総額と似通った数字になっている。犯罪が与える心理的影響から生じる損失を無視しているため、実際のホワイトカラー犯罪の被害総額は１・６兆ドルを超える可能性がある。要するに、ホワイトカラー犯罪のコストはストリート犯罪をかなり上回る可能性が高いが、刑事司法への影響ははるかに小さいため、犯罪に対する不安や恐怖、犯罪をめぐる政治的な議論、あるいは実際に犯罪の程度を測定しようとする犯罪学的な試みの観点から見れば、その重要性ははるかに低く見積もられている。

犯罪の分布

多くの人が、軽微ではあるが、時折犯罪を行う可能性があることをこれまでに確認した。しかし、調査によると、長期間にわたり、頻繁に犯罪を行い、より重大な犯罪に関わる傾向がある人も少数いることがわかっている。犯罪の分布について、またこれらの犯罪者について、何がわかっているのだろうか？　犯罪学の調査で一貫した結果を示すものの一つに、反社会的行動は、幼少期から思春期、そして成人期に至るまで連続性が見られるというものがある。ある学者が言うように、「大人の反社会的行動は、事実上、子どもの頃の反社会的行動を必要とする」。成人期になってから犯罪への関与を開始する人はほとんどいない（ホワイトカラー犯罪者は明らかに例外である）が、同様に、反社会的な子どもの大多数が反社会的な大人になるわけでもない。彼らのうち、少数の者による犯罪が犯罪全体のなかで多くの割合を占めることになる。前述のフィラデルフィアの古典的な研究では、この研究に参加していた男性全体の６％（犯罪者の約18％）が、少年の逮捕者の半数以上を占めており、重犯罪者の割合はさらに高くなると計算されている。また、先に言及したケンブリッジ大学の研究では、６％の男性が、三十二歳までに受けた有罪判決の半数を占めていたことがわかっている。

このようないわゆる「持続的」な犯罪者は、犯罪学的にも政治的にも多くの関心が向けられている。早期に彼らを特定して、犯罪の道から反らしたり、収監して犯罪を防止したりするなど、何らかの形で生活に介入することができるとすれば、その後の犯罪を減らす、非常に大きなノック・オン効果となるだろう。では、私たちは彼らについて何を知っているのだろうか？　わかっているのは、「累犯者」といわれる人は、早期に犯罪に手を染め、高頻度で犯罪に関わり、長い「犯罪キャリア」をもつ傾向にあるということだ。早期犯罪を引き起こすリスク要因は、個人の問題（低知能、低学歴・低教育、多動、衝動的、リスクテイクの多さ、いじめなどの小児期の反社会的行動）、家族の状況（親の監督不行き届き、厳しいしつけと子どもへの身体的虐待、子どもへのネグレクト、親の対立、家族の崩壊、非行のある兄弟)、仲間(問題を抱える仲間、仲間内での仲間外れ／不人気)、そして犯罪の多い地域に住んでいるなどのコミュニティの要因などが挙げられる。

若年犯罪者の大部分は多かれ少なかれ十代後半の間に頻繁に犯罪を行うが、アメリカの心理学者テリー・モフィットが主に関わったある影響力のある研究では、大人になるにつれて犯罪が減少して止まる者と、大人になっても犯罪を続ける少数派の者とを区別した。彼女はそれぞれ「青年期限定型」犯罪者、「ライフコース持続型」犯罪者と呼んでいる。「ライフコース持続型」犯罪者による犯罪の性質は、時間の経過とともに変化していき、おそらく怠学や万引きから始まり、後に麻薬販売、車の窃盗、強盗、暴行とエスカレートしていく。このような人の根本的な性格はあまり変わらないといわれているため、年齢を重ねて新たな機会が生まれることによって犯罪が変化していくようだ。また、薬物やアルコール依存症、少ない雇用機会、ホームレスになりやすい、被害に遭いやすいなど、将来の見通しも悪く、もちろん刑事司法制度に触れる可能性も高いとされる。

「ライフコース持続型」犯罪者と「青年期限定型」犯罪者とで、犯罪パターン以外に何か違いがあるだろうか？　累犯者は多くの神経心理学的障害または認知的障害に悩まされる傾向があり、先天的な特徴をはじめ、出生前の栄養不良、薬物乱用やその他の有害物質の摂取、または虐待の結果としての脳異常などがのちの反社会的傾向を高めることと強く結びついているという。累犯者はこうした問題行動を悪化させるような環境で生まれ育っていることが非常に多いことから、人生の後半において反社会的行為や犯罪行為を行うリスクが増加する。要するに、こうした一連の出来事は人生の初期に設定されているため、後からこれを断ち切ったり、振り切ったりすることは非常に困難である。多くの犯罪学者は、この二分類に異議を唱えている。なぜなら「ライフコース持続型」であっても、ほとんどの場合は生涯のなかで経年的に犯罪率が低下していくからであり、また犯罪の一般的なパターンや軌跡は二つよりはるかに多い数が見出し得るからである。また、高リスクな思春期の非行少年が行う将来の犯罪パターンを、実際にどの程度まで予測できるかという重要な論争も続いている。

それでもなお、モフィットの研究は強い影響力をもち続けており、犯罪行動に影響を与える生物社会的要因には、犯罪学内でも高い関心が寄せられている。生物社会的という用語は、犯罪行為の生物学的根拠を指すものであり、社会環境との相互作用によって影響力を発揮する。一卵性双生児の脳画像解析から分子遺伝学まで、さまざまな方法によって、特に暴力の生物学的根拠に関する研究は急速に進んでいる。一卵性双生児の初期の研究では、離れ離れになっていた双子を用いて、反社会的行動と攻撃性に関与する遺伝率を評価した。いくつかの研究では、反社会的行動のばらつきの半分は個人の遺伝的構成によって説明できることがわかった。

現代の画像技術を用いた分析により、重大な暴力犯罪の研究には、脳の前頭前野が特に重要だということが明らかになった。たとえば殺人犯の脳をほかの人の脳と比較すると、前頭前野の機能の低下が見られることが研究によりわかっている。なぜ前頭前野が重要なのだろうか？　関連分野の科学者たちは、前頭前野機能の低下は感情コントロールの低下をはじめ、より大きなリスクテイク、自制心の喪失、判断力の低下、正常な問題解決能力の低下など、多くの行動に関連しているとし、これらが人を暴力に傾かせることもあると示唆している。しかし、ここで重要なのは「傾かせる」という言葉だ。脳の機能が攻撃的または暴力的な行為の決定要因であるとは主張されておらず、単に一つの要素にすぎないが、重要であり、まだほとんど理解されていないものだと見られている。環境的要因や社会的要因が大きな役割を果たしていることについて、真剣に異議を唱える者はいない。一部の人にとってこれは意見の分かれる領域かもしれないが、今後数年のうちにさらに関心が高まり、大きく発展することは間違いない。

生物学的影響と社会的影響の関係を理解することはもちろん重要で、大まかに言うと二つの考え方がある。一つはすでに述べたが、生物学的要因と社会的要因が何らかの形で相互作用しているという考え方であり、現在、ほとんどの論文執筆者の間でこの見解が支持されている。これは、生物学的リスク要因、すなわち特定の遺伝的体質や前頭前野機能の低さが、家族的または社会的リスク要因（虐待傾向にある親や身近にいる犯罪者との関係など）と組み合わさり、反社会的行動に関与する可能性が大幅に高くなるという単純な考えである。二つ目は、神経犯罪学者のエイドリアン・レインが「社会的プッシュ」の視点と呼んでいるものである。彼はこの用語を使用し、多くの研究で見出された、反社会的行動に向かわせるような社会的リスク要因が見当たらない子どもの事例を説明している。彼は、良好な家庭環境で育った殺人者を例に挙げ、このような状況では、生物学的要因が関係する可能性が高いと主張し、「貧困や劣悪な地域、児童虐待のせいにすることはできない」とした。また、「殺人者たちは子どもの頃に素晴らしい家庭をもっていたわけではないが、あなたや私と大差ない家庭をもっており、それほど明白な社会的剥奪も見られない」と述べている。対照的に、若者が多くの重大な社会的リスク要因にさらされている場合は生物学的要因ではなく、そのことが当該行動を説明する主な要因となるだろう、と彼は言う。このような場合にも生物学が無関係だということではなく、単に生物学の影響が他の影響によって薄められたり、覆い隠されたりしているだけであると主張している。

犯罪からの離脱

生涯における犯罪のパターンに犯罪学者の関心が高まっていることから、犯罪をしなくなる過程、つまり「離脱」と呼ばれる過程をどう理解し、説明するのかという重要な問題にも関心が向けられている。この分野の初期の研究では、時間の経過とともに犯罪率が低下するのは、加齢や成熟過程によって説明できると考えられていた。つまり、多くの理由が考えられるなかで、「成長に伴う離脱」や「燃え尽き」が問題であった。実際、犯罪からの離脱は主に思春期の後半や成人期の初期に起こる。しかし、離脱がこれよりも早く起こる犯罪者もいれば、遅く起こることもあり、場合によっては離脱がかなり遅い犯罪者もいるという事実から、年齢、成熟過程、および犯罪パターンの複雑な関係があることがわかる。では、私たちは何がわかっているのだろうか?

犯罪からの離脱は、ほとんどの犯罪「キャリア」においてその一部である。つまり、ほとんどの犯罪者が最終的には離脱するということだ。時間が経つにつれて大半の種類の犯罪の発生率が減少するが、必ずしもすべてのタイプの犯罪が減少するわけではない。これまで見てきたように、小児期の犯罪は、その後の成人の犯罪パターンを最もよく予測するものであり、犯罪を始める時期が早ければ早いほど、犯罪者としてのキャリアが長くなる可能性が高いと、多くの研究で示されている。このことは、広義の「発達的」議論を提案する多くの研究へとつながっており、犯罪からの離脱に向かう過程に影響する要因が人生のさまざまな段階で生じていることを教えてくれる。

しかし、離脱への道筋は単純ではない。影響力の大きいある研究では、年齢と離脱を結びつけるのではなく、インフォーマルな社会統制と社会的ボンドのパターンの変化を離脱に結びつけている。社会的ボンドとは、社会的承認を受けた目標に対する個人の愛着と、そのような目標を合法的に達成するためにどの程度の努力をしているかということである。違反行為は、そのようなボンドが弱い場合に起こりやすく、ボンドが強ければ強いほど違反行為を犯す可能性が低下することが示されている。重要な「ターニングポイント」は、ポジティブなものだけでなく、ネガティブなものである場合もあり、人生のどの段階でも起こる可能性がある。ポジティブな例としては、就職や結婚、交際、出産などが社会的ボンドを育むのに役立つ出来事として挙げられる。これらの出来事は、義務感や自制心のシステムを生み出し、犯罪に関与することのコストや意味をより大きくする。このような観点から、大人は、犯罪歴に関係なく、仕事や家族とのボンドを深めることで社会的資本を蓄積し、犯罪の抑止力を高めるのである。なお、これらは一見、発達や「成熟」についての簡単な議論のように聞こえるかもしれないが、少なくとも一つの点で重要なことが異なっている。成熟は直線的で予測可能なパターンを示すものではない。人生は予測不可能であり、犯罪性を促進したり抑制したりする社会的状況は、異なる時点に異なる方法で個人の生活に影響を及ぼし得る変数である――この観点は、このような前提に基づいているのだ。

誰が犯罪を行うのか？

私たちのほとんどは人生のどこかの時点で法律を破っており、その数は女性よりも男性のほうがはるかに多い。また多くの若者、特に十代の若者の大多数は、その後、犯罪をやめている。なかには、成人になっても、実際には生涯を通して犯罪を続ける累犯者もいる。このように少数グループが犯罪の多寡に与える影響の大きさを考えると、犯罪を減らすためには、そのような人を特定し、彼らの犯罪を防止または軽減するために彼らの生活に介入することが一つの鍵を握っているといえる。しかし、これは言うは易く行うは難しであり、累犯者になりそうな人々を事前に特定することは簡単な作業ではない。遺伝学やその他の生物学的要因への関心が高まり、将来の潜在的な重大犯罪者を特定するためにさまざまなスキャン技術の使用が検討されている。しかし、これには少なくとも実用的な問題と同じくらい大きな倫理的な問題が存在する。

「誰が犯罪を行うのか」という問いに答えるには、改めて用語に注意する必要があるだろう。ここでは犯罪とは何を意味しているのだろうか？　私たちがそのような質問をするとき、ほとんどの場合は、刑事裁判所が頻繁に取り扱う、窃盗や器物損壊、暴行など、広い範囲の犯罪、（実のところやや精密さを欠いたまま）すでに言及した「ストリート犯罪」と呼ばれる犯罪のことを考える。

ここに焦点を当てることで、司法制度と同様に、私たちも企業や富裕層による犯罪を見逃す傾向にあることがわかる。こうした犯罪はストリート（streets）犯罪との対比で「執務室（suites）犯罪」と呼ばれることもあるが、様相が若干異なる。男性が犯しやすいのは変わらないが、ストリート犯罪に比べて年齢層は高く、（もちろん）裕福で、逮捕や起訴、処罰の対象となる可能性ははるかに低い。彼らが責任を負うべき実質的かつ全体的なハームは多数あるにもかかわらず、彼らが刑事制裁の対象となる可能性は比較的低い。このような事実は、刑事司法制度、そして私たち自身について多くのことを教えてくれる。

4

犯罪はどのように計測されるのか？

第2章では、「犯罪とは何か」について考察した。先の議論で提起されたすべての注意事項——広義の「犯罪」という言葉には広範にわたる行動が隠されており、多くの場合はその行動を特定するのが極めて難しいことなど——を念頭に置きながら、この章では計測の問題に目を向けることにする。通常、国民や政治家は、「どのくらいの犯罪が起きているのか」ということを知りたがっている。一般的な犯罪か、特定の犯罪かにかかわらず、犯罪は増えているのか、それとも減っているのか？　以下では、犯罪数を計測するために一般的に使用されている主な方法について少し触れ、さまざまなアプローチの長所と短所を見ながら、使用にあたっての一連の条件や注意点（基本的な「使用上の注意」）を概説したいと思う。

世界の多くの国において、最も身近な犯罪の測定値は、法執行機関（通常は警察）が作成する数値である。警察の専門性や組織化の程度が国により大きく異なることを考えると、統計の作成方法にもばらつきが生じ、結果的に作成された統計の信頼度にも違いが出ることになる。警察の専門性が高く、統計の収集と維持に明確な規定がある国や法域であっても、まだかなりの欠点がある。その結果、比較的最近になって、いくつかの国では、代替のエビデンスが求められるようになった。最も一般的なのは、現代的な調査方法を用いて大規模かつ代表的なサンプルに犯罪の被害を受けたかどうかを尋ね、統計的な手法で国民全体の犯罪発生率を推定するというものである。この方法のほうが長期的な傾向を推定するためにはより信頼性が高いと犯罪学者は考えているが、問題がないわけではない。そのことについても後で見ていく。

計測の始まり

まずは歴史に少しだけ触れておこう。いつ、どこで、最初の全国犯罪統計が収集され、公表されたのだろうか？　その答えは、十九世紀の初期から中期のフランスだった。フランスでは刑罰制度が変わりつつあり、国家憲兵が出現し始めていたが、依然として犯罪や革命後の「危険な階級」に対する懸念が色濃く残っていた。フランス国家はパスポートと身分証明書を導入し、そのほかにもこの「危険な階級」を含む国民を記録する手段を徐々に開発していった（初期においては刑務所の状況に関する研究が行われた）。犯罪に関する最初の統計調査は一八二五年に開始され、一八二七年に発表された。この調査は検察官から得た情報に基づくもので、すべての起訴の詳細と警察裁判所を含むさまざまな法廷の評決を網羅していた。犯罪者や被害者に関する情報が入手できる場合は、そうした情報も徐々に含まれるようになった。

ここで、ベルギーの天文学者アドルフ・ケトレーが登場する。フランスでの統計活動に影響を受けたケトレーは、さまざまな人口統計学の研究を開始し、やがて犯罪に興味をもつようになった。短期間のうちに、あらゆるカテゴリーの犯罪発生率を研究したケトレーは、明るみに出る犯罪と明るみに出ない犯罪（後で説明する）の関係は、その犯罪の重大性や司法制度が犯罪者の特定にかける根気の度合いによって異なるのではないかと推測した。彼はまた、利用できる統計を駆使し、犯罪の原因（貧困など）を推測し、年齢や性別による犯罪パターンを識別した。犯罪の傾向は国民全体が持っており、一般に信じられているように危険な階級に限定されるものではないと主張したケトレーは、まさに革新的な人物であった。

一八二九年にはアメリカ・ニューヨーク州が司法統計の収集を開始し、その後数十年の間にほかの多くの州もそれに続いた。これらの統計は、基本的に州の弁護士や刑事裁判所の書記官が州の高官に送った報告書に基づいて作成されたものだったため、一般的にはほとんど価値がなかった。一八五〇年に国勢調査の一部として開始された連邦犯罪統計は、受刑者と有罪判決を受けた者の数を情報として収録することが目的だった。しかし、この時点でも実用的な情報はほとんど収集されなかった。

アメリカの国際警察署長協会（ＩＡＣＰ）が『統一犯罪統計（ＵＣＲ）』と題した書物を

出版したのは一九二九年のことであった。これは「国や州の報告に関連する、警察の記録と統計のすべて」を調査したもので、その一環として、「警察に認知された犯罪」を殺人、レイプ、強盗、加重暴行、侵入盗、非侵入窃盗、乗り物盗の七つに分類した。これは任意の業務だったが、議会の支援を得て一九三〇年には定期報告をすることになり、当初43州にまたがる約４００の警察から情報機関である連邦捜査局（ＦＢＩ）に報告書が送られた。一九七九年には、議会が八番目の犯罪として放火をＵＣＲリストに追加するよう義務づけた。重要なのは、犯罪の増加や減少に関する考察に著しい影響を与える薬物犯罪がこの犯罪指標に含まれていなかったことである。一九八〇年代には、司法省、ＩＡＣＰ、ＦＢＩ、そして設立が比較的新しい司法統計局（ＢＪＳ）などが会合を開き、多くの修正案が提出された。そのなかには、データを二つのカテゴリーに分割する案なども含まれていた。それは、八つの主要犯罪カテゴリーを対象とした第一部指標犯罪と、一般的には報告頻度の低い21の犯罪を対象とした第二部指標犯罪に分けるというものであった。この統計は全国で義務化されていたわけではないが、二十一世紀初頭には人口の90％以上を管轄する１万８０００以上の機関の報告からＦＢＩ ＵＣＲデータが作成されるようになった。

イギリスでは、一八五六年に制定された郡および自治区警察法の余波で全国犯罪統計の収集が始まった。十九世紀の初め、犯罪への懸念が高まるにつれ、情報収集を求める声も多くなり、一八一〇年から裁判所の書記官は、約50種類の犯罪に関する詳細を記録した年次報告書を作成するよう指示された。一八三〇年代にはさらなる進展があった。フランスにおけるケトレーの研究に関連する統計のムーブメントに大きな影響を受けた後、一八五六年に法律が制定され、裁判所や刑務所の申告だけでなく、警察が認知している起訴可能な（重大な）犯罪を含むよう、統計申告の範囲が拡大したのだ。犯罪は六つのカテゴリーに分類された。対人犯罪、暴力を伴う窃盗罪、暴力を伴わない窃盗罪、財産に対する悪質犯罪（放火、機械破壊など）、通貨に対する犯罪、その他雑犯（暴動、扇動、反逆を含む）である。十九世紀末には、犯罪登録官による解説を含む暦年に基づいた年次報告書となり、時点間の比較ができるように人口10万人当たりの犯罪数が含まれるようになった。これが、今日も使用される一般的な「公式の」犯罪統計形式の基礎となっているのは明らかである。

新たなアプローチ

フランスやアメリカ、イギリスにおいては、法執行機関からの統計報告は、当初は変動が非常に大きく、まったく信頼性に欠けるものであった（次第に管理や運営が厳格化された）が、二十世紀の中後半まではこれが犯罪に関する唯一の正式な統計指標だった。しかしこの頃になると、その有用性に関する疑問の声がますます高まり、犯罪の特定の側面を研究する際は、現代的な調査技術が使用されるようになった。フィンランドでは一九四〇年までに、窃盗犯罪についての世論調査が導入されていた。アメリカでも大きな進展があった。ジョンソン大統領によって設立された法執行・司法行政委員会が、既存のＵＣＲシステムの限界を発見し、新しい犯罪統計のソースを作成することが推奨されたのである。同委員会は、法執行機関による記録に頼るのではなく、人々に犯罪体験に関する調査を行うことを推奨した。

一九六〇年代後半に試験的に実施された初期の調査結果では、標準的なＵＣＲシステムでの計測時よりもはるかに高い犯罪レベルが示された。一九七二年には全国犯罪調査が開始され、一九九一年に再設計された後、全国犯罪被害調査（ＮＣＶＳ）として知られるようになった。ＮＣＶＳは、約９万世帯の十二歳以上の人を対象に毎年実施されている。参加世帯は三年間調査の対象となり、対象者には半年ごとに、直接または電話で最大７回の面接が行われる。この調査では、過去六カ月間に被害を受けた数と、その特徴について質問される。ＮＣＶＳは、警察への通報の有無にかかわらず、個人犯罪（レイプ・性暴力、強盗、加重暴行、その他の暴行、個人に対する非侵入窃盗）と世帯の窃盗犯罪（侵入盗、自動車盗、その他の窃盗）についての情報を収集している。

オーストラリアでは、一九七五年に犯罪被害調査が実施され、その後一九八三年、一九九三年、一九九八年、二〇〇二年、二〇〇五年にも実施された。二〇〇六～二〇〇七年に実施された見直しにより、よりタイムリーかつ定期的な情報提供と調査のさらなる柔軟性が必要だとされ、二〇〇九年からは設計を見直して調査を行った。この調査は個人面接で行われ、ほかの調査と同様に、身体犯と財産犯の広範囲にわたる被害経験を尋ねている。イギリスでは、一九七〇年代初頭にロンドンの三つの地域で小規模な被害調査が行われたが、一九八二年にはイングランド・ウェールズを対象とした初の全国調査が実施された。これはイギリス犯罪調査と呼ばれ、二〇一二年からはイングランド・ウェールズ犯罪調査（ＣＳＥＷ）と呼ばれるようになった。スコットランドと北アイルランドでは独自の調査を実施している。調査開始以来、ＣＳＥＷは二～三年ごとに実施されてきたが、二〇〇〇年代初頭からは年１回の年次調査となった。一九八九年以降、ついに国際犯罪被害実態調査が数年ごとに実施されるようになった。犯罪学者は先進国における犯罪レベルの違いを見ることができるようになったのである。

統計はどれくらい信頼できるのか?

データソースはほかにもあるが、犯罪のレベルと傾向を測る方法は、法執行機関からの情報と被害調査の二つが主となっている。したがって、次の課題となるのは、なぜ被害調査を作成する必要があるのか、警察や法執行機関の統計にはどんな問題があるのか、また、この二つの方法の長所と短所は何なのかをもう少し詳しく検討することである。まずは、最も長い期間使用されてきた、アメリカのＦＢＩの統一犯罪統計（ＵＣＲ）や、イギリスの警察の犯罪統計、そのほかの地域の同様の統計から検討を始めてみよう。このような統計を使用する際には、少なくとも五つの主要な「使用上の注意」を考慮に入れる必要がある。

第一に、すべての犯罪が含まれているわけではないという点である。たとえば、アメリカのＵＣＲも、イギリスの警察が記録した犯罪統計も、多くの交通犯罪などの軽微な犯罪を除外している。第二に、一貫性の問題がある。少なくともイングランド・ウェールズには43の警察区域しかなく、すべてが厳しい一元的監視の下にある。その結果、犯罪の記録方法の管理規則は、原則として各警察間でかなり類似性が高くなるかもしれない。一方、アメリカでは州によって刑法が異なるだけでなく、文字通り何千もの法執行機関があり、それぞれの犯罪記録手順が微妙に異なる可能性がある。ＵＣＲシステムは、この一連の機関と手順に組織的な秩序を与えようとしているが、それを達成するには限界がある。

第三に、問題が通報されなければ統計表に載らないという点がある。警察や法執行機関に通報されたものだけが犯罪統計に記録されるからだ。では、なぜ犯罪を届け出ない人がいるのだろうか？　理由はいくつか挙げられる。たとえば、飲酒運転や薬物所持、公序良俗違反、無賃乗車など、直接的な被害者がいない犯罪は警察に届けられる可能性が低く、通常は法執行の活動を通じてのみ、明るみに出る。少額の金銭の窃盗などは、ほんの軽微な犯罪と判断されてしまうこともある。そんな犯罪に対して警察は動かないだろうから、通報する意味がないと考える人もいる。侵入盗や押し込み強盗のような重罪であっても、犯人は見つからないかもしれないと思い、通報することに疑問をいだく人もいる。あるいは、被害について信じてもらえない、深刻な犯罪として扱ってもらえないなど、警察に相手にされないと被害者は感じているかもしれない。通報することによる報復を恐れていたり、恥ずかしいと感じていたりするかもしれない。非常に多くの犯罪が法執行機関の目にとまっていないことを統計は示している。さらに悪いことに、犯罪の通報に対する民意は不安定で、時間の経過とともに変化するため、たとえ通報されていない犯罪があることを考慮に入れたとしても、長期的な傾向を判断するのは非常に困難である。

発生した犯罪のうち、警察に通報されない犯罪はどのくらいの割合だろうか？　答えは半分以上。そう、警察に通報される犯罪は2件に1件より少ないのである。そのため、このような統計を犯罪の推定値の根拠として使う際には、特に注意が必要だ。「ちょっと待って。もし警察に通報されないなら、どうして犯罪が存在するとわかるのか?」という疑問をもつかもしれない。その答えとなるのが、被害調査である。この件は後述することにして、犯罪統計のこの点以外の限界に関する話へ話題を戻そう。

第四は、警察による犯罪の記録に関する「使用上の注意」である。警察に犯罪が通報されているからといって、必ずしもそれが記録されるとは限らない。記録されない理由はさまざまあり、警察の専門的な意思決定によるものや、受け入れがたい統計操作などが挙げられる。また、被害者が提供する情報の評価は、警察官の裁量に委ねられているため、情報が信用できない、または犯罪が起きたエビデンスが不十分であると結論づけられることがある。さらに、問題はすでに十分処理されていると警察官が判断したのかもしれない。これらの理由以外にも、より不正な警察実務が記録率に影響を与えている、あるいは少なくとも過去には与えていたといわれている。イギリスでは、警察官、さらには警察組織が自分の仕事を軽減したり、自分をよく見せたりするために犯罪の記録を怠るという組織的な怠慢が定期的に明るみに出ている。アメリカの有名な犯罪学者ドナルド・クレッシーがかつて言っていたように、「警察には街の評判を守る義務があるが、既存の法的・行政的な仕組みでその義務が効率的に果たせない場合には、統計上で果たすこともある」のである。同様に、中国の広州における犯罪統計の作成に関する徐建華の研究によると、二十一世紀のこの地域における犯罪の大幅な減少は、実際には起きておらず、中国共産党の正当性を強調するためにデータが操作された結果であった。

犯罪統計の主な欠点として多くの法域で指摘されているのが、犯罪の記録が適切に行われていないことである。二〇〇九年にオーストラリアのビクトリア州のオンブズマンによって行われた調査は、粗悪な管理システムや実務が犯罪の大幅な過小報告の原因になっていると結論づけている。イギリスでは、議会の調査委員会が「現行犯逮捕：警察の犯罪記録統計がなぜ頼りにならないのか」と題した報告書まで発表した。要するに、警察が犯罪を適切に記録していないことを示す確かなエビデンスが見つかった結果、こうした統計は信用できないと報告されたのである。

最後となる五つ目の重要な使用上の注意は、総合的に見たときの警察の実務に関するものである。つまり、法執行機関によって集められた統計は、犯罪の性質や程度についてよりも、法執行機関の規模、性質、実務について多くのことを教えてくれるかもしれない。たとえば、警察の規模を大幅に拡大したとき、犯罪の発見や抑止によって犯罪を減らすことになるのか、それとも犯罪を発見して記録する警官を増やすという単純な原理によって犯罪を増やすことになるのか。これらの疑問に答えるエビデンスはさまざまあるが、現在のところ、警察官の数が増えると犯罪の記録が増えるという示唆はほとんどないようだ。また、警察官の数が増えると犯罪が減る可能性を指摘するエビデンスはいくつかあるが、確固たる結論には程遠い。ここでのポイントは、少なくともこの種の統計は、警察実務の性質に影響されるという事実を甘受せざるを得ないということである。被害者の通報よりも警察の仕事に依存する犯罪（薬物違反から交通違反まで）では、特にそうである。

さて、ここで先ほどの質問に戻りたいと思う。警察に通報された犯罪の割合はどうすればわかるのだろうか？　その答えは、もう一つの主要な指標である犯罪調査を推定の基礎として利用することである。大規模かつ広範で代表的なサンプルを対象に、過去六～十二カ月の間に犯罪被害経験があるかどうかを尋ね、それを警察に通報したかどうかを含めて追跡調査することで、全体的な犯罪レベルを計測することができる。

犯罪調査

犯罪被害調査には、警察が記録する犯罪統計やＵＣＲと比較して、多くの利点がある。最も明確な利点は、法執行機関に由来する数字の問題をほとんど回避できることだ。犯罪調査は、警察への一般の通報に頼らず、法執行機関の犯罪記録の正確性にも影響されない。すべての犯罪を対象としているわけではないが、犯罪調査は幅広い犯罪を対象とし、警察官の報告ではなく、犯罪に対する被害者の判断に頼っている。犯罪調査の推定値は、警察の実務や政策、あるいは犯罪を発見し記録する警察官の数に直接影響されるものではない。最後に、しっかりと安定した方法論に基づいていること、つまり毎年同じ方法で実施されていることから、経年変化の正確な計測という点で高い信頼性があると統計学者が認めている。このような理由から、犯罪のレベルや傾向を犯罪学者が推定する際は、ほかのソースよりも犯罪調査データに頼る傾向がある。

犯罪調査データにおいてもほかのデータと同様に、「使用上の注意」があるので、理解しておかなければならない。第一に、先に述べたように犯罪調査はすべての犯罪を含んでいるわけではないという点である。当然、殺人は定義上、被害調査では計測できない。次に、前述した薬物の所持や販売など、一般的には「被害者がいない」とされている犯罪の場合は、自分が犯罪の「被害者」であると名乗り出る人がいないため、自己申告研究に頼る傾向がある。また、一部隠蔽されたままの犯罪もある。たとえば、家庭内の暴力は、さまざまな理由から長い間恥ずべき秘密として覆い隠されてきた。今では少しずつ変化しつつあるが、このような形態の被害はかなり過少報告されていることに変わりはない。

ここ数十年のインターネットの普及により、犯罪調査に関連した別の問題が発生し、特定されることになった。要するに、犯罪の性質が非常に大きく変化したため、犯罪調査が追いついていないように思われるのだ。たとえば、膨大な数の窃盗や詐欺が、現在は「対面」や物理的な施設内ではなく、インターネットを介して行われている。これまでの犯罪調査では、こうした犯罪についての具体的な設問がなく、それがあったとしても自分がそのような犯罪の被害に遭ったと気づいているとは限らない。徐々に追いつきつつあるが、しばらくの間、犯罪調査のなかで犯罪数がかなり少なく数えられてしまう可能性がある。この問題については第６章で述べることにする。

第二の主な犯罪調査の問題は、サンプリング手順に関するものである。簡単にいえば、結果を一般化するのに十分な数の人に、また国民全体をうまく反映するため代表性の高いサンプルを抽出して、調査を行うことである。これらのことに大きな注意を払ったとしても、かなり多くの限界がある。何よりもまず、サンプリングにおいて標準的ではない家庭で暮らしている人たちを排除する傾向があることだ。たとえば、路上生活を送っている人、キャラバンやホステル、老人ホームに住んでいる人、軍隊の兵舎で暮らす隊員、大学寮に住む学生、刑務所にいる受刑者などである。アメリカでは、１％弱と人口のかなりの割合を占める受刑者が調査対象から排除されているが、当然ながら、こうした受刑者は非常に特殊な犯罪被害を経験している可能性が高い。第三に、このような調査は個人を対象としたものであり、企業は含まれていない。標準的な犯罪被害調査では、万引きのように一般的でありふれた犯罪から、大規模な詐欺のように頻度は低いが甚大な被害を与えうる犯罪までの、幅広い範囲を捕捉することはできない。オーストラリアやイングランド・ウェールズなど一部の国では、時折、商業・企業犯罪の被害調査を実施しているが、これらは不定期の調査であり、比較的小規模である。

犯罪調査の最後の大きな問題は、被害者の記憶と犯罪の頻度という二つの問題である。犯罪経験のない人やほとんど経験がない人がいる一方で、何度も被害に遭う少数派もおり、そうした人は、いつ、どのような頻度で被害に遭ったのかを正確に記憶することすら難しい。これに対して、調査はどのように対処しているのだろうか？　たとえば、虐待を受けた女性は、事実上、継続的に暴力や脅迫を受けており、個々の事件を区別することができない。多重被害、反復被害、連続被害と呼ばれるものに対処するために、それぞれの調査でさまざまな手法が用いられているが、いずれの調査でも結果的に犯罪数が少なく数えられ、場合によっては著しく少なく数えられることもある。実際、この過少なカウントを考慮しようとＮＣＶＳを再検討した結果、暴力犯罪全体の推定値が約３割増加し、レイプと性的暴行の推定値が５割以上増加した。イギリスでも最近、同様の結果が出ている。

では、どう結論づけたらよいのだろうか？　近年、犯罪を計測するために、私たちは頭をひねり、かなりの費用を費やしてきたことは明白である。法執行機関が作成した統計は、今では以前よりはるかに慎重に管理されているため、以前よりもはるかに正確な統計となっていることは間違いない。同様に、このような統計を慎重に管理し、精査すればするほど、その限界が明らかになる。統計の信頼性を向上させるために努力をしてきたが、代替的な情報ソースが必要なことは明らかだ。ここで犯罪調査（被害調査）の出番である。これらのデータソースは決して問題がないわけではないが、多くの点で信頼性がある。

要するに、犯罪のレベルや傾向に関する私たちの認識は常に部分的なものなのである。私たちはかつてよりも、より多くを知っている。そして、ドナルド・ラムズフェルドの言葉を借りるならば、何がわかっているか、何がわかっていないのかの両方について、より多くを知っている。一つのデータソースだけよりも、複数のデータソースをもつことはよいことである。また、どんな主張に対しても常に懐疑的な目を向けることは賢明な姿勢だ。しかし、懐疑的であることと、軽んじることとは異なる。統計は完全には信頼できるものではなく、末端で操作されることもあるが、犯罪データには大きな価値があり、特に長期的な犯罪の一般的傾向を理解するのに役立つ。次章では、こうした傾向に注目してみたい。

5

近年の犯罪の傾向を理解する

犯罪がどうなっているのか。この疑問は、世間一般が抱える明らかな懸念事項である。状況は良くなっているのか悪くなっているのか、そしてどのように変わっているのか？　最初のステップは、犯罪の傾向について各種の測定値から何がわかるのかを確認することだ。もし、それらがどれも似たような傾向を示すのであれば、それらの傾向と現実との間に何らかの関係があることを、いくらかは確信することができるだろう。しかし、もしそれらが重要な点で異なる場合は、少なくともその傾向についてより慎重に精査する必要がある。

ここではアメリカ、カナダ、イングランド・ウェールズ、オーストラリアの四つの国に焦点を当てる。まずは、法執行機関の統計に基づく傾向から始めよう。アメリカの傾向はかなりはっきりしており、いくつかの例外を除き、一九六〇年から一九九一・一九九二年頃に犯罪のピークを迎えるまで、犯罪はほぼ毎年増えている（図1参照）。その間、記録に残された犯罪は全体で3倍以上増加している。しかし、それ以降はほとんどの犯罪が減少しており、一九六〇年代の水準には届かないものの、今では犯罪数は一九七〇年代半ばくらいの水準に戻っている。

カナダでは、一九八〇年代後半から一九九〇年代初頭のあたりでピークに達するまで、一九六〇年代初頭からほぼ毎年犯罪が増加した。ピーク以降は、犯罪は着実かつ急激に減少し、一九七〇年代前半の水準に戻ってきている（図2参照）。

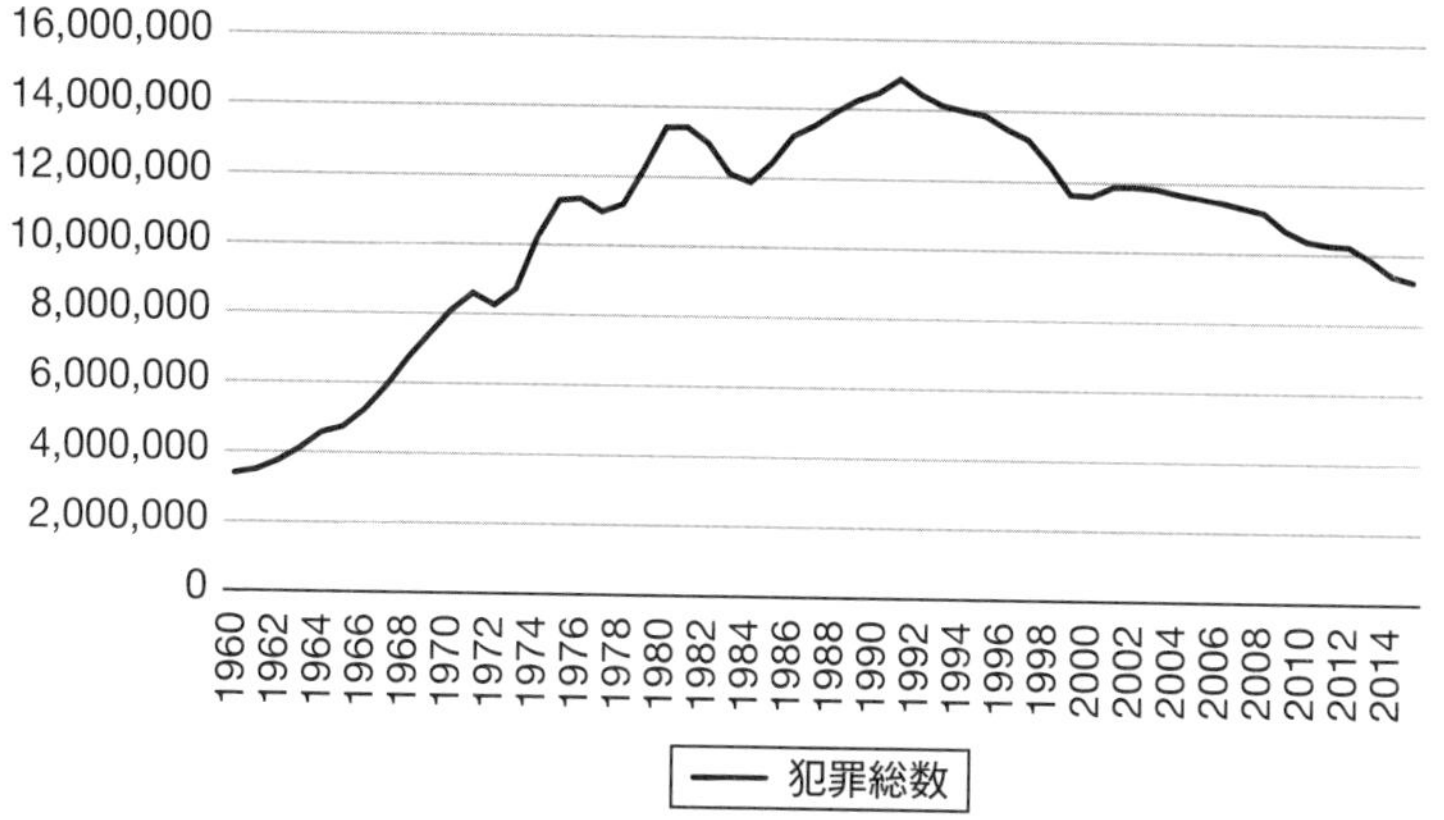

図1　犯罪総数（統一犯罪統計）、アメリカ、1960 ～ 2015 年

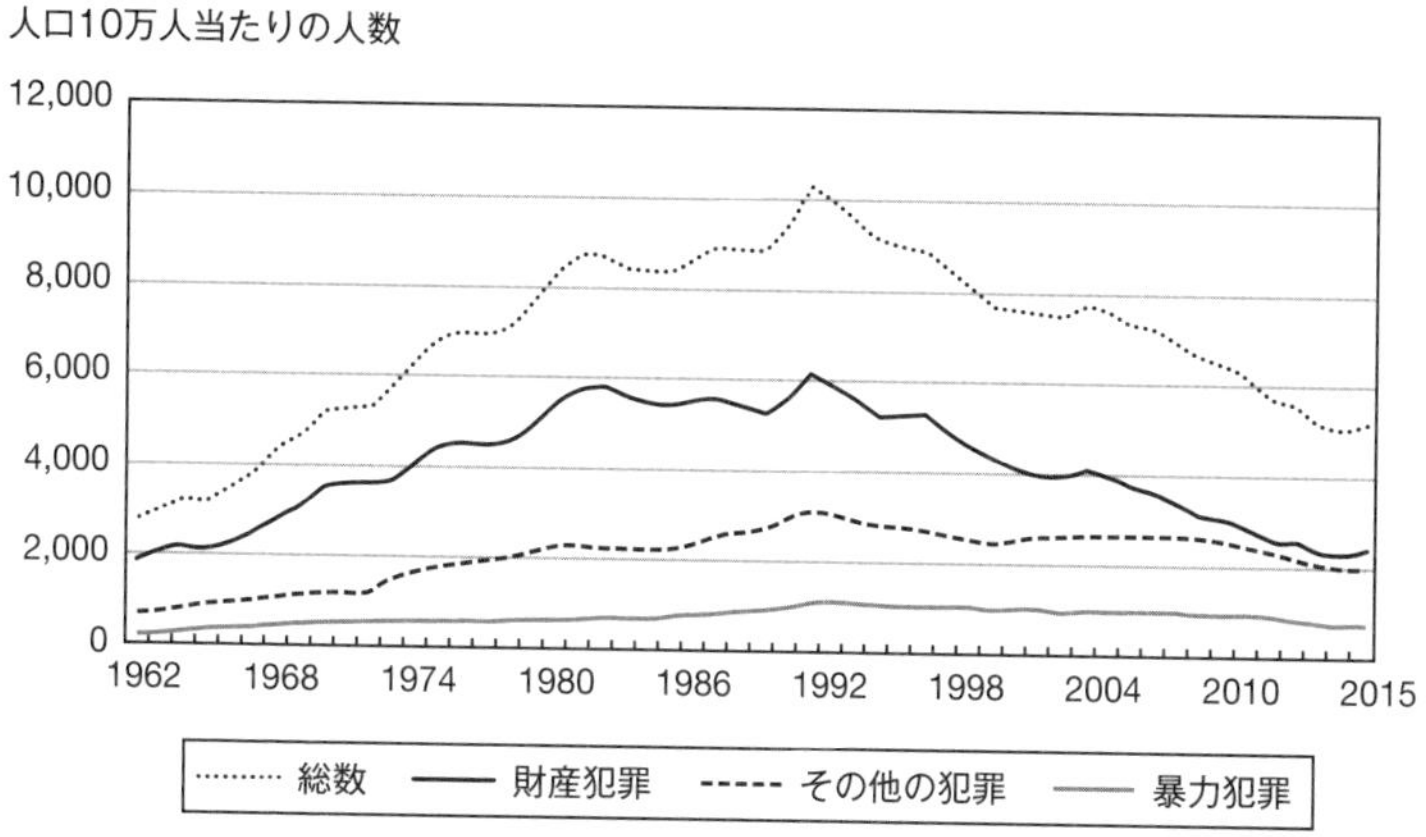

図2　警察が報告する犯罪率、カナダ、1962 ～ 2015 年

イングランド・ウェールズでは、状況が少し違っているようだ。ここでも犯罪は一九六〇年代、一九七〇年代、一九八〇年代、そして一九九〇年代にかけて着実に増えていき、その後アメリカやカナダと同様に、一九九〇年代前半にピークを迎えている。しかし、グラフを見てもわかるように、データ収集方法が変わって一九九七～一九九八年に数値がジャンプしており、二〇〇〇年代初頭にかけて再び増加傾向にある。しかしその後、犯罪は急減し、少なくとも一九八〇年代半ばから後半の水準に戻っている（図3参照）。実際は、イングランド・ウェールズでは、法執行機関による統計の収集方法に二つの人為的な変更が加えられており、そのどちらもが犯罪件数を増加させているが、その変更を取り除けば、イングランド・ウェールズの犯罪率は一九九〇年代初頭から減少を示すものと思われる。

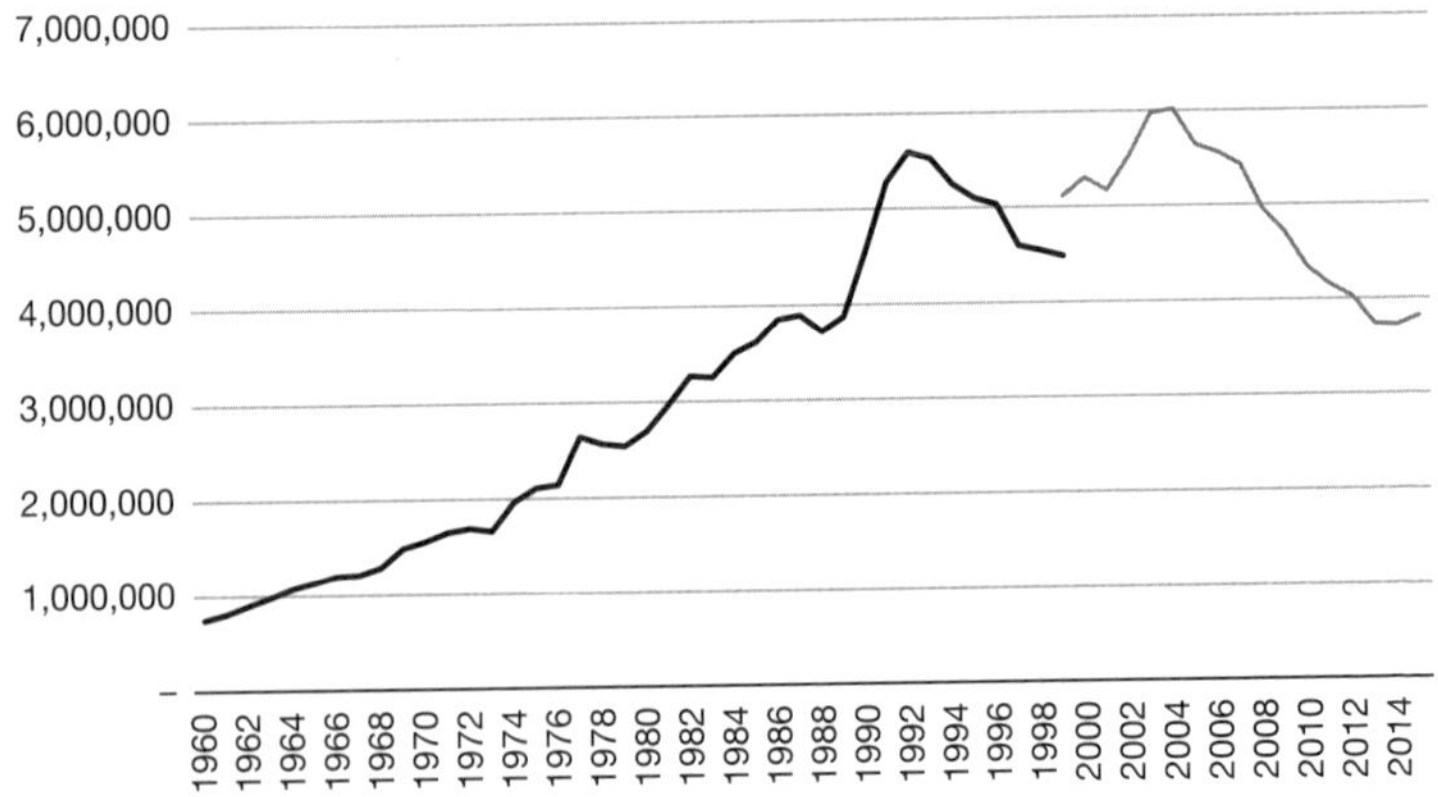

図3　イングランド・ウェールズの犯罪認知件数、1960 ～ 2015年

オーストラリアの傾向はより複雑だ。全国的に一貫した数字を得ることは困難だが、入手可能なデータで判断すると、暴力犯罪と財産犯罪の認知件数は一九七〇年代から一九八〇年代にかけて増加している。侵入盗と自動車盗はかなり安定しており、一九九〇年代に数州で減少しはじめ、二〇〇〇年代初頭からは急減している。殺人と強盗もまた、世紀の変わり目から減少しているようで、二〇〇九年は一九九〇年代半ばとの比較で30～40％ほど犯罪率が低くなっている。

この四つの民主主義国の犯罪傾向をざっと見てみると、多かれ少なかれ、どれも似たようなパターンを示していることがわかる。犯罪は戦後増加し、一九八〇年代後半から一九九〇年代後半にかけてピークを迎えてから減少に転じ、その後十五年から二十五年の期間で急減している。カナダ以外は罪種別の数字を示していないが、これらの国々の犯罪の増加と減少は、暴力犯罪と財産犯罪の両方にあてはまる傾向があるのは事実である。なぜ犯罪がこのように変化したのかという問いに移る前に、もう一つの主要なデータソースである犯罪被害調査が同様の傾向を示しているかどうかを確認しておいたほうがいいだろう。アメリカでは、一九九〇年代初頭から暴力犯罪全体（レイプと性的暴行はかなり異なるパターンをたどる）と財産犯罪の両方でＮＣＶＳが大幅な減少を示している。オーストラリアの調査データは定期的に収集されているわけではないが、侵入盗の減少に関しては警察の数字と一致している。暴力犯罪に関する調査結果を評価することは容易ではない。イングランド・ウェールズでは、一九八一年の第1回調査から一九九〇年代半ばまでは全体的に犯罪が増加し、その後再び減少に転じ、二〇一六年には急激に減少し、調査開始時よりもずっと犯罪が少なくなっている(図4参照)。

二つの主要なデータソースに、非常に広い範囲で一致が見られること、そして調査した四つの民主主義国すべてで一般的な傾向に一致が見られることを考えると、少なくとも次のような二つの大きな疑問が生じる。第二次世界大戦後の数十年間で犯罪が増加したのはなぜなのか、そして過去十五年から二十五年で減少しているのはなぜか、という点である。

まず、犯罪学者にとっては恥ずかしい告白とな

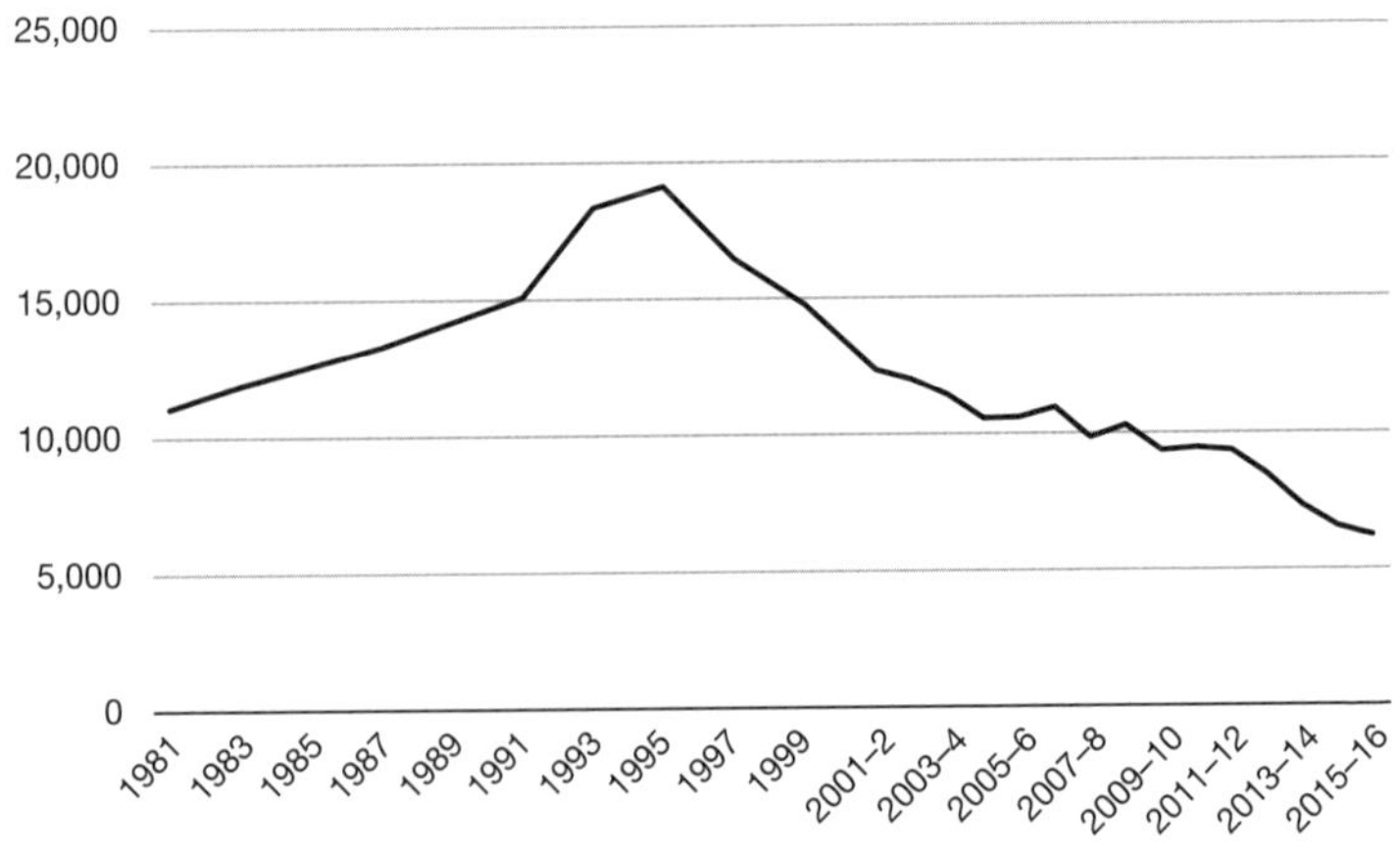

図4　イングランド・ウェールズの犯罪、1981～2016年(犯罪被害調査データ)

るが、戦後数年間に犯罪が着々と増加していったことは、多くの犯罪学者にとって予想外のことであった。社会がより豊かになり、戦争の混乱が落ち着き、完全雇用やそれに近い雇用が実現すれば、犯罪は減少するだろうと予想していたのだ。しかし、法執行機関による統計からもわかるように、犯罪は増加どころか、急増した。二十世紀後半になると、戦後の犯罪の激増を説明しようという試みに犯罪学の注目が集まった。この点についてはすぐ後で触れる。ただし、現時点ではあまりよく説明できているとはいえない。経済学者が近年の金融危機を予測できなかったように、犯罪学者も犯罪の減少を予測できなかった。ほとんどの犯罪学者が、犯罪の増加傾向が逆転する可能性はまずないと考えていたが、現実には逆になった。そのため、犯罪が減っているという前提に立てば(それに誰もが同意するとは限らないが)、なぜ減少しているのかの説明が急がれている(これについては第6章で考察する)。ここではまず、一九五〇年代から一九六〇年代にかけて、なぜこれほどまでに犯罪の急増が見られるのか、という点を考察する。

戦後の犯罪の激増

アメリカでは一九六九年、暴力の原因と防止に関する大統領諮問委員会が次のような問題を提起している。

暴力犯罪の原因とされる諸条件は悪化しておらず、むしろ改善されたにもかかわらず、過去十年間に都市部の暴力犯罪率が大幅に上昇したのはなぜか。国勢調査局は、大都市圏の社会的・経済的状況の動向に関する最新の報告書のなかで、「一九六〇年以降、都市部の幸福度指標のほとんどは向上している」と述べている。

このような問題提起の内容から、委員会が社会学的に大きな思い込みをしていることがわかると同時に、当時アメリカ国内外のほとんどの専門家が同様の犯罪観を抱いていたことがわかる。犯罪率は貧困や人生のチャンスとどこかで結びついているという前提があり、戦後に豊かさが増すと犯罪は自然に減少するものと思われていたのだ。一九六〇年代後半になると、犯罪が大幅に増加したことが明らかになったが、その後に増える犯罪率と比べると、まだ大したものではないことなど、委員会は知るよしもなかった。

なお、この時代に入手できた統計は、警察・法執行機関から得られた数字だけだったため、そのすべての不備を念頭に入れて、再度立ち止まって考える必要がある。これらの数字が当時の犯罪傾向をどれだけ正確に反映していたかについては、いくつかの点で懐疑的にならざるを得ない。第一に、この時期までは、正確に記録することにあまり重点が置かれていなかった可能性が高く、警察も正確な記録にほとんど関心がなかった。警察の人員が増えるにつれ、情報や統計の収集を含め、あらゆる面で高い専門性をもって行動するべきだという圧力がかかった。戦後数十年の最初の頃に記録された犯罪が増加している原因の少なくとも一部は、警察が記録方法を変えたからであるという見方ができる。第二に、消費者主義の台頭とともに訪れた戦後の繁栄が家庭用保険や個人保険の普及をもたらし（図5参照）、それにより犯罪を報告する傾向が強まったことも考えられる。

図5　プルデンシャル保険の1924年の広告

イギリスでは一九〇〇年代初頭から、保険会社が盗難保険の普及に努めたという形跡があるが、実際に保険が普及しはじめたのは二十世紀後半になってからである。それ以前に保険をかけていた家庭はほとんどなく、一九二〇年代に発表された大まかな推定では、アメリカの侵入盗事件のうち保険が適用されていたのは約５％に過ぎなかったとしている。保険金を請求する際は、ほとんどの場合、警察に被害届を提出する必要があるため、保険が普及すれば、その結果として犯罪報告数が増加することになる。保険金制度の影響度を推定するのは簡単ではないが、戦後の財産犯罪の増加の一因、おそらくはかなり大きな一因は家庭用保険の利用範囲の広がりであると考えるのが妥当だろう。しかしながら一九五〇年代半ばから後半以降一九八〇年代までの三十年間にわたり犯罪が大幅に増加していたと見られることには変わりなく、それはいったいなぜなのか、という次の問題が浮かび上がってくる。

一九七九年に発表されたローレンス・コーエンとマーカス・フェルソンによる古典的な論稿では、「日常活動」と呼ばれる犯罪増加の要素について説明されている。彼らは「他人や他人の財産に対して明確かつ意図的に奪ったり、損害を与えたりする」という「直接的な略奪的犯罪」と呼ばれるものだけに焦点を当てていたが、その考えは幅広く応用できる。日常活動のアプローチは、犯罪の三つの要素として、動機のある犯罪者（犯罪を行いたいと思っている人)、適当な犯罪標的(攻撃される/盗まれるべき誰か/何か)、そして「有能な監視者」の不在(不完全な制御システム)を特定している。戦後の日常生活の変化がどのようにして、こうした略奪的犯罪の増加の一因となったのかについて、彼らはさまざまなデータを用いて示している。犯罪の観点から言えば、この時期に耐久消費財の安定供給と普及が拡大したことにより、「適当な犯罪標的」が実質的に増加したといえる。FBIのデータによると、一九七〇年代半ばの窃盗の70%近くが自動車や自転車であった。要するに三十年前にはあまり手に入らなかったものである。さらに、こうしたものの多くは非常に魅力的なだけでなく、少なくとも持ち運びができるものであった。

また、日常活動のアプローチは、日常生活の要素と略奪的被害を経験するリスクには関連があることを示唆している。日常生活のなかでどれくらい「有能な監視者」に囲まれているのか? 日常活動のアプローチでは、たとえば家族と過ごす時間が長い人は、家から離れている時間が長い人、家族やその他の主要な集団から離れている時間が長い人に比べて略奪的被害を受けるリスクが低いと仮定している。社会レベルでいえば、第二次世界大戦後のアメリカでは、家庭を中心とした活動から、それ以外の活動へと活動の中心が大きく変化した。たとえば、労働市場の性質が変化して仕事に出かける女性が大幅に増えたほか、戦前とはまったく異なる規模で大学などに通うようになった。大学に通ったり、仕事に行ったりすることで自動車などのいわゆる「適当な犯罪標的」を購入する人が大幅に増加した。また、仕事や旅行のために自宅から持ち出して使用できる高価な耐久消費財を購入することも増えた。さらに多くの女性が労働市場に参入したことで、日中家にいる人や近隣地域で「有能な監視者」として行動できる人の数が減少した。

日常活動モデルは、このようにさまざまな要因（適当な犯罪標的の増加、有能な監視者の減少）が互いに作用し、犯罪の可能性を増大させることを示唆している。以前に述べた点を繰り返すが、コーエンとフェルソンは戦後の犯罪増加について完全に説明できるものを示したわけではない。しかし、日常生活には犯罪の機会を与えるという側面があり、日常活動のそのような要素は不変ではないということに気づかせてくれた。日常生活はより多くの（あるいは、より少ない）犯罪行動を誘うように変化する可能性があり、そのような変化こそ、戦後の犯罪増加の重大な要素を理解するうえで役立つものかもしれない。そのため彼らは、「生活に恩恵を与える機会を増やす要素が、略奪的な犯罪の機会を増やすこともあるのは皮肉なことである」と述べている。自動車が自由な移動を提供し、大学への通学、女性の労働参加、休日旅行の増加により日常から逃避することはできるが、これらは略奪的犯罪のリスクを増加させる。日常活動のアプローチは犯罪の機会とそうした機会の悪用に伴うリスクに焦点を当てている。人間の動機にはほとんど触れられていないものの、人間はだれしも何らかの形でリスクと報酬の計算をするものだということは、示唆されている。

しかし、政治経済学に関心のある人は、コーエンとフェルソンの議論をもっと広い視野から捉えたいと思うだろう。そうすることで、多くの欧米諸国における産業・生産能力の大幅な変化と、そうした変化がもたらした非熟練・半熟練労働者の雇用や所得、全般的な経済的安定への多大な影響を見ることができる。また、これに関連して起こった個人主義の蔓延や民営化、市場への依存、そして福祉支出に課されようとしていた過去最大の制限などの政治的変化は、少なくとも一九七〇年代後半以降の経済的・社会的不平等の拡大につながった。要するに、このような視点により、機会に基づく理論は、より広範な文脈に位置づけられるのだ。政治的・経済的状況の変化により、それまで存在していた個人的利益を得る合法的機会の多くが奪われると同時に、秩序や統制の維持に役立っていた地域社会の連帯と抑制力が弱体化したという文脈である。

より長期的な視点に立ってみるとどうだろうか？　ドイツの社会学者ノルベルト・エリアスの「文明化の過程」の理論に大きな影響を受けた心理学者のスティーブン・ピンカーは、一九六〇年代から一九八〇年代までの数十年間に起きたことは、歴史的に見て、長期的な傾向の逆を行くものであったと主張している。彼は、最も優れた歴史的分析によれば、十三世紀から十四世紀にかけて殺人率は減少傾向にあったと主張している。殺人は、暴力犯罪を含むほかの犯罪よりも通報率が高く、記録も残っているので良質なデータがそろっている。そのためここでは、より広範な犯罪傾向の指標として殺人が用いられている。では、なぜこの数十年の間に、全体的な犯罪、特に殺人が増加したのだろうか？　ピンカーによると、この傾向は「脱文明化傾向」の指標であり、長期的な文明化の過程の反転（短期間の反転に過ぎない可能性がある）であるとしている。この理論の提唱者であるエリアスは、近代国家が形成される過程では、社会的階層構造のなかでの人々の関係性に変化が生じ、特定の社会的な習俗や社会的期待が人々のなかに徐々に浸透していくと主張していた。要するに、何世紀もかけて成長してきた相互依存関係のために、衝動的な行動や攻撃性に対する制約が大きくなり、これが社会的圧力と自制心とを結びつけることにつながった。その結果、この長い期間に、あらゆる形の苦しみに対する感受性が徐々に高まり、暴力に対する寛容さは低下していった。マヌエル・アイスナーのような犯罪学者が提供する優れた歴史的データは、長期的な暴力行為の減少を正確に説明する際に、ピンカーをはじめとするさまざまな解説者によって用いられている。しかしそれが一九六〇年代以降、逆転しているように見えるのである。

一九六〇年代以降、国が突然弱体化したわけではないが、ピンカーによると、エリアスの理論における別の主要な二つの柱においても逆転が見られた。社会的連帯はさまざまな力の影響を受けており、自制心を働かせて社会に順応する圧力でもあった。特にテレビやラジオの普及に支えられた若者文化の出現を、彼は指摘した。若者や女性、労働者階級の機会構造の変化は、権威を部分的に拒絶するような動きを促し、社会的ボンドを破壊して多くのインフォーマルな社会統制を緩めることになったのである。要するに、脱形式化と脱従属化は伝統的な制約から自由になった感覚を与えたが、これらはいわゆる「寛容な時代」以降の数十年間の犯罪の増加傾向を下支えすることにもなっていると彼は示唆している。さて、このような主張をするうえで、アメリカのコメンテーターのチャールズ・マレーのような政治的右派による分析とピンカーとの間に大きな乖離はなかった。マレーは、アメリカとイギリスにおけるいわゆる「アンダークラス」の台頭に焦点を当て、戦後の福祉国家のはじまりに犯罪増の責任があるとした。彼らは、福祉国家が結婚や家族といった伝統的な社会構造を傷つけ、敬意、勤勉、規律といった伝統的な社会的価値観を弱体化させたと主張している。

スティーブン・ピンカーのようなやや進歩的な形であれ、チャールズ・マレーのようなより保守的な形であれ、これらの説明が、先に述べた構造的な社会経済的変化を過小評価し、文化的・道徳的変化を重視しすぎていることは間違いない。その結果として、一九八〇年代後半から一九九〇年代初頭にかけて見られる犯罪傾向の唐突な方向転換への対処に苦労しているのだ。なぜ、前触れもなく犯罪の減少が始まり、その後減少し続けたのだろうか？　しばらく時間がかかったが、最近この謎が学者たちの関心を集めている。そして、次に私たちが注目したいのはこの謎である。

6

犯罪の減少を理解する

過去二十年以上の間に多くの国で犯罪が減少していることが、あらゆる情報ソースから明らかになっている。ＮＣＶＳによると、アメリカでは一九九三年から二〇一一年の間に暴力犯罪が約70％減少したほか、侵入盗は50％以上、窃盗は40％以上減少している。カナダ、イングランド・ウェールズ、オーストラリア、ニュージーランドでも同様の傾向が見られる。また、より広範な比較が可能な国際犯罪被害実態調査では、フランス、オランダ、フィンランドなども犯罪の大幅な減少を示している。第5章で述べたように、犯罪の傾向を判断することは困難であるが、入念にエビデンスを検討したあるレビューによると、「ヨーロッパでは犯罪が全般的に減少していると考えるのが妥当」という結論に至っている。こうした傾向は、特定の都市や国に限定されたものでも、一時的なものでもなく、経済が大きく揺れている間でも、この傾向がかなりの期間にわたって継続する。さて、これをどう説明すればよいだろうか？

経済

経済状況と犯罪の関連性についての文献はかなり多く存在している。ただし、所得や財産、不平等、犯罪、被害の間の関係性は、明確なパターンがあるものの、決して一筋縄ではいかない。侵入盗を例に挙げてみよう。国内の侵入盗の発生率は貧しい地域ほど高くなる傾向にあるが、国家レベルでは、国内総生産（ＧＤＰ）で測定される一般的な豊かさが増加するほど、全体的な侵入盗の発生率が増加する傾向にある。なぜだろうか？　この難問に対する最も単純な答えは次のようなものだ。ＧＤＰのような指標は、国家レベルでは犯罪の機会（盗む価値がどれだけあるか）のレベルを大まかに示すものである。しかし、家庭レベルでは、侵入盗をしたいという動機をもつ人々が近くにいるかどうかや基本的なセキュリティ対策があるかなどのＧＤＰ以外の要因によって侵入盗のパターンが決定されることになる。

経済指標と犯罪に関する初期の研究では、犯罪学者は、失業による影響に目を向けがちだった。つまり、「犯罪の傾向は失業率の増減と関連があるかどうか？」といったようなことだ。しかし、このような研究からは明確な答えが得られなかったことに加え、失業データに対する疑念が高まったこともあり、研究者たちはマクロ経済の変化と犯罪レベルとの関係を別のさまざまな方法で検討しはじめた。こうした研究により、経済が好調だった一九九〇年代のアメリカでは、財産犯罪の件数が減少していたことが明らかになっている。状況はやや複雑だが、短期的な財産犯罪のレベルの変化と消費との間には関係があり、財産犯罪の増加率と経済成長とが密接につながっているというエビデンスがいくつかある。特に、全体の消費が急速に伸びると、財産犯罪の伸びが鈍化したり、反転したりする傾向があり、それは窃盗の動機をもつ人が減るからである。景気後退期には財産犯罪の発生率が上昇する傾向がある。このように明らかな関係が見られるにもかかわらず、これまでの犯罪学研究では、長期にわたる広範な経済の変化と犯罪レベルとの間に単純な関連性はないとしていた。

近年、経済的要因と犯罪の減少との関係を検証する研究はかなりの数に上っているが、その大部分は概して影響は小さいと指摘している。たとえば、ニューヨーク大学のブレナンセンターの研究では、一九九〇年代から二〇〇〇年代の所得の増加が犯罪減少の5~10％の要因を占め、また一九九〇年代の失業率の低下がその十年間の犯罪減少の2％の要因を占めると推定している。ほかにも、似たような状況が見られる研究はあるが、過去十年間の経済危機に特別な焦点を当てた研究は少ない。しかし、犯罪は少なくとも二十年間大幅に減少を続けていた可能性があり、近年の経済危機によってその傾向が逆転したわけでもない。そして、このような犯罪減少に対する明確な、あるいは単純な経済的説明はないように思われる。

しかし、ここでのキーワードは間違いなく「単純さ」である。なぜ私たちは、長期的な変化を伴う犯罪レベルのように、非常に複雑なものが、消費意欲や失業率、インフレ率のような比較的単純なもので説明できると考えるのだろうか？　確かに関係があるかもしれないし、前述のとおりそれを示唆する研究もある。しかし、多くの論者が主張しているように、このような狭い経済的要因をより広い文脈のなかに置く必要があるのではないだろうか？　このことは、政治経済学、すなわち政治、公共政策、経済学の相互関係を研究する学際的研究への回帰を意味する。つまり、資本主義経済システムの運営が、社会的・政治的な政策・実践とどのように結びついて、私たちが暮らす実社会が形作られているかを検討するということである。犯罪のレベルはその一要素である。

処罰

多くの政治家は、犯罪には処罰をもって臨むべきだと主張している。より多くを罰すると（より多くの人を罰する、個々の犯罪者をより厳しく罰する、あるいはその両方）、必然的に犯罪にも影響が出る。第7章でも触れるが、最初の疑問は、私たちは従来よりも多くの罰を与えているのだろうか？である。例外はあるものの、答えは間違いなく「イエス」であり、アメリカの例がこのことを最もよく表している。

図6（104ページ）は、一九八〇年から二〇一五年までの三十五年間におけるアメリカ

の「矯正制度」と呼ばれるものの変化を示している。アメリカには、連邦刑務所と州刑務所のほか、地方のジェイル（これらを合わせたのが総受刑者数）と、仮釈放中（出所した後、何らかの形で監督されている）または保護観察中の受刑者が存在する。この三十五年間で、刑務所人口は377％、ジェイル人口は299％、仮釈放中の人は294％、保護観察中の人は239％増加した。アメリカで矯正制度下にいる人は、全体で275％増の700万人弱となり、これは成人全体の約36人に1人に相当する。つまり、どのような基準から見ても、アメリカ人の処罰は以前と異なっている。地球上でアメリカほど多くの人を収監している国はほかにないが、他の多くの国でも、犯罪が減少する直前の時期だけでなく、犯罪が減少している期間にも、受刑率が大幅に上昇している。

では、犯罪の減少をどのように説明できるだろう

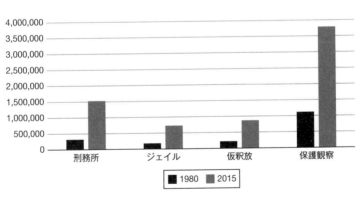

図6　アメリカの矯正制度下にいる人の数、1980年と2015年

か？　最も明白なのは「抑止」である。犯罪学者はこれを一般的な抑止（一般予防）と個々の（または特定の）抑止（特別予防）の二つのカテゴリーに分けている。一般的な抑止とは、処罰制度の存在とそれに対する知識が、一般人に広く抑制効果を発揮するという考えを指しており、法律を破ると、捕まって罰を受けるということ自体が十分な抑止になる。個々の（または特定の）抑止とは、個人に対する罰の影響を指しており、罰金を科されたり、保護観察処分を受けたり、刑務所に入れられたりすることにより、将来の違法行為が抑止される。

これらの考えには説得力があり、私たちがかなり幼い頃から抱く、世界に対する一般的理解の一つにもなっている。しかし残念なことに、このような考えを裏付ける有力な研究結果はない。研究によれば、私たちのほとんどは、比較的「マイナー」なことについては一般的な脅しに適度に反応する。たとえば、いくつかのエビデンスによれば、逮捕される可能性があったり、刑罰が厳格化されたりする場合、違法駐車やスピード違反、ポイ捨てなどの行動が抑制される傾向にある。しかし、麻薬販売や暴行などの犯罪には、抑止効果がまったく見られないのだ。なぜだろうか？　このような犯罪の多くは、「有能な監視者」がいないうえ、人目を避けて行われることが多く、また飲酒や薬物の影響下での、あるいはカッとなったうえでの犯行の場合もある。要するに、前述したほかの行為と比べ、計算された行動ではないため、抑止力が働かないのかもしれない。

このことは、罰を与えるという脅しがそうした行動には影響を与えないと言っているのではなく、それが最も効果的な方法ではないかもしれないと言っているに過ぎない。実際、研究によると、処罰の確実性には最大の抑止効果があるという結果が出ている。より正確にいえば、罰を受ける前には、逮捕される、起訴される、そして有罪判決を受けるという段階があるから、この知見はさらに詳しく分析しなくてはならない。実際、研究では、最も大きな影響を与えるのは逮捕される確率であることが示されている。私たちは、どの程度の罰が下されるかよりも、捕まることを懸念しており、裁判所がどういう判決を下すかについては無知なことが多い。現実には、通常、私たちのほとんどはほぼ常に犯罪を行うようなことはないが、私たちが一般的に法を守ることは抑止とほとんど関係がない。むしろ、家族、友人、より広い地域社会など、私たちが一般的に「インフォーマルな社会統制」と呼んでいるものからの影響力のほうがはるかに大きく関連している(第7章参照)。

では、個々の抑止はどうだろうか? 罰は、罰される人に影響を与えるはずだが、あなたが思うほどの抑止力はないかもしれない。私たちは、一般的に「再犯率」または「再有罪率」と呼ばれるものを使って、刑罰の影響を測定する。前者は、一般的に刑罰(刑務所、保護観察など)が終わってから二~三年後までに再逮捕された犯罪者の割合を指し、後者は、逮捕だけでなく、同様の期間中に再び有罪となった犯罪者の割合を指す。その数値を見るとハッピーにはなれない。

アメリカでは、司法省が二〇〇五年に州刑務所から釈放された40万人以上の受刑者の追跡調査を行ったところ、五年間の調査期間の終了時に男性の78％、女性の68％が少なくとも一度は再逮捕されていた。一年間に釈放された受刑者のうち、ほぼ半数（47％）が三年以内に再度有罪判決を受けていることも同調査で判明した。暴力犯罪や公序良俗違反を犯した者の再有罪率は40～42％、薬物犯罪では47％、財産犯罪では53％である。さらにこの調査では、受刑者の半数以上（52％）が、新たに罪を犯したか、あるいは仮釈放中に遵守事項違反をしたために、三年以内に刑務所に戻されていたことがわかった。もちろん、これは処罰の効果がないことを示しているわけではない。しかし、将来の再犯率から「成功」度を測った場合、処罰の効果はそれほど高くないことがわかる。また、この調査結果には、個人的・社会的・経済的なコストや処罰自体が犯罪を引き起こす要因となる可能性などはまだ考慮に入れられていない。

刑罰、特に収監の適用拡大が犯罪率低下の鍵を握っていると思っている人にとっては、抑止に関する研究結果は満足できるものではないだろう。懲役刑の拡大を訴える人たちが支持するもう一つの考え方が無害化である。これは、社会から追放し、収監している間は、人が犯罪を行うことを防げるという考え方である。原則的には、大量の犯罪を行った者を十分な期間収監すれば、間違いなく犯罪率は減少するという前提がここにはある。一九七五年にアメリカのジェラルド・フォード大統領によりなされた次の発言からもその片鱗がうかがえる。

習慣的に略奪的な犯罪を行う人が、適正な期間、刑務所に入れられていれば、犯罪率は下がるだろう。なぜなら、犯罪を行う自由がないからだ。法を守る社会から法を破る者を分離することは、刑務所の明白な効果の一つである。

これは、表面的には一つの考え方としていくらかの魅力があるが、明確にしなければならない問題がいくつかある。第一に、刑務所にいるからといって「犯罪」が行われないとは限らないということだ。職員やほかの受刑者が被害を受けるかもしれず（実際にある）、違法薬物を使用している者も多い。また、一部の犯罪者が刑務所で懲役に服している間も、密かに外の犯罪組織を維持し続けていることもある。デイビッド・スカルベクは、アメリカのプリズンギャングに関する著書のなかで、カリフォルニア州のメキシカン・マフィアのプリズンギャングによる麻薬の流通や武装強盗、殺人などの数多くの例を挙げており、アメリカの刑務所制度において彼らが孤立することはまずないということがわかる。

第二の問題は、無害化効果という考え方が、自由のままにしていたら、収監された人すべてが犯罪を続けるだろうという前提に基づいていることである。多くの人はそうかもしれないが、すべての人にこの前提が当てはまるわけではなく、無害化効果を評価する際はこの点を再考する必要がある。第三の問題は、犯罪を行う割合や期間が犯罪者によってまったく異なるという点だ。多くの罪を犯す犯罪者が、犯罪「キャリア」のピークで収監された場合は、原則的には多くの犯罪を防ぐことができるかもしれないが、たまにしか犯罪を行わない場合や、犯罪「キャリア」が終わりに近づいている場合は、防げる犯罪ははるかに少ない。第四に刑期の長さの問題がある。犯罪者に科せられた平均的な刑期を見るだけでは多くの誤解が生じてしまう。たとえば、イングランド・ウェールズでは、二〇一六年の平均刑期は十六カ月強で、十年前の平均よりも四カ月長い。しかしその陰には、比較的短い刑期の受刑者の回転率が非常に高いという事実がある。二〇一六年には、収監者の半数近く（47%）が六カ月以下の刑期で服役しており、そうした犯罪者の服役期間はかなり短くなっていることから、処罰による無害化の力も限られることになる。

第五に「代替効果」と呼ばれる問題がある。犯罪が集団で行われている場合はどうだろうか？　3人の侵入盗の集団が活動しているとしよう。1人が捕まり、収監された場合、どのような影響があるだろうか。首謀者が収監されれば完全に侵入盗をやめることができるだろうか？　侵入盗が三分の一に減るだろうか？　それとも、ほかの２人が犯罪を続けたり、また別の仲間を引き入れたりするなど、効果は見られないのだろうか？　麻薬の販売はどうだろう？　一九九〇年代の「麻薬戦争」の最盛期に、ＨＢＯのテレビ番組『ザ・ワイヤー』の制作者であるデイビッド・サイモンは、ボルチモア市の麻薬検挙率は同じ規模の都市の３倍だが、地元の麻薬市場に目に見えるような影響はないと述べている。最後に、矯正することが、部分的に諸悪の原因になっている、ということはないだろうか？　収監が犯罪を引き起こす原因になりうるのではないか？　イギリス政府がかつて文書で書いたように、刑務所に入ることで経験豊富な犯罪者の近くに留置され、刑務所のひどい環境にさらされ、出所後の雇用の機会が失われるなど、刑務所は悪人をさらに悪化させる高額な手段に過ぎないのではないだろうか。限定的ではあるが、この主張を裏付けるいくつかの研究結果がある。たとえば、オーストラリアで再犯に関する研究が慎重に進められたが、いくつかの犯罪に関しては抑止効果がなく、さらに悪いことに軽微な暴行のようなケースでは、収監によって将来犯罪を行う可能性が高くなることがわかった。

最近では、収監には莫大なコストがかかることから、新たなアプローチの必要性が説かれ始めているが、収監による犯罪抑止効果や無害化効果の限界を訴える警告に興味をもつ政治家や政策立案者はほとんどおらず、むしろまったく逆のことが起きている。多くの国で、特にアメリカでは収監の適用拡大のために莫大な資金が投入されている。一九八〇年以降のアメリカでの受刑者数の異常な増加が犯罪率に何らかの影響を与えていることは間違いないが、どれだけの影響を与えたかという問いに答えることは難しい。

経済学者のスティーブン・レヴィットは、過去二十五年間の犯罪減少の三分の一は（見方によってはたった三分の一だが）収監が大規模に拡大されたことに起因するのではないかと述べている。別の推定値では、犯罪の減少の約10～27％と見ており、かなり数字に幅がある。ここでも注意しなければならないのは、よく指摘されているように、カナダもアメリカとほぼ同時期に犯罪の減少を経験しているが、カナダでは受刑者数に大幅な増加が見られないということである。しかし、犯罪率と収監の間に直接的な関係があるという考えは、アメリカの異なる州を比較することで検証することができる。たとえば、ニューヨーク州とフロリダ州は、犯罪件数の減少において非常によく似た経緯をたどっているが、一方では収監が24％減少し、もう一方では31％増加している。コネチカット州とアイダホ州は、どちらも犯罪件数が50％弱減少しているが、同じ期間でコネチカット州の刑務所人口が5％増加しているのに対し、アイダホ州は１００％以上増加している（１１２ページ図7に一部の州を示す）。犯罪の減少に刑罰が何らかの役に立ったのかもしれないが、これを完全に説明するためにはほかの部分に目を向ける必要があるのは明白だろう。

警察活動

犯罪率に影響を与える警察活動には、大きく分けて警察官の数の増加とその活動方法の変化の二つがある。警察官の数の増加については、現在、さまざまな調査設計でかなりの数の研究が行われているが、どんな結果が出ているだろうか? 警察官の増加が財産犯罪の減少につながりうると考えられるが、暴力犯罪の減少にも同様の関係があるという確かなエビデンスを見つけるのは非常に難しい。この分野で信頼のできる論者のなかには、警察官の数が犯罪の減少に重要な役割

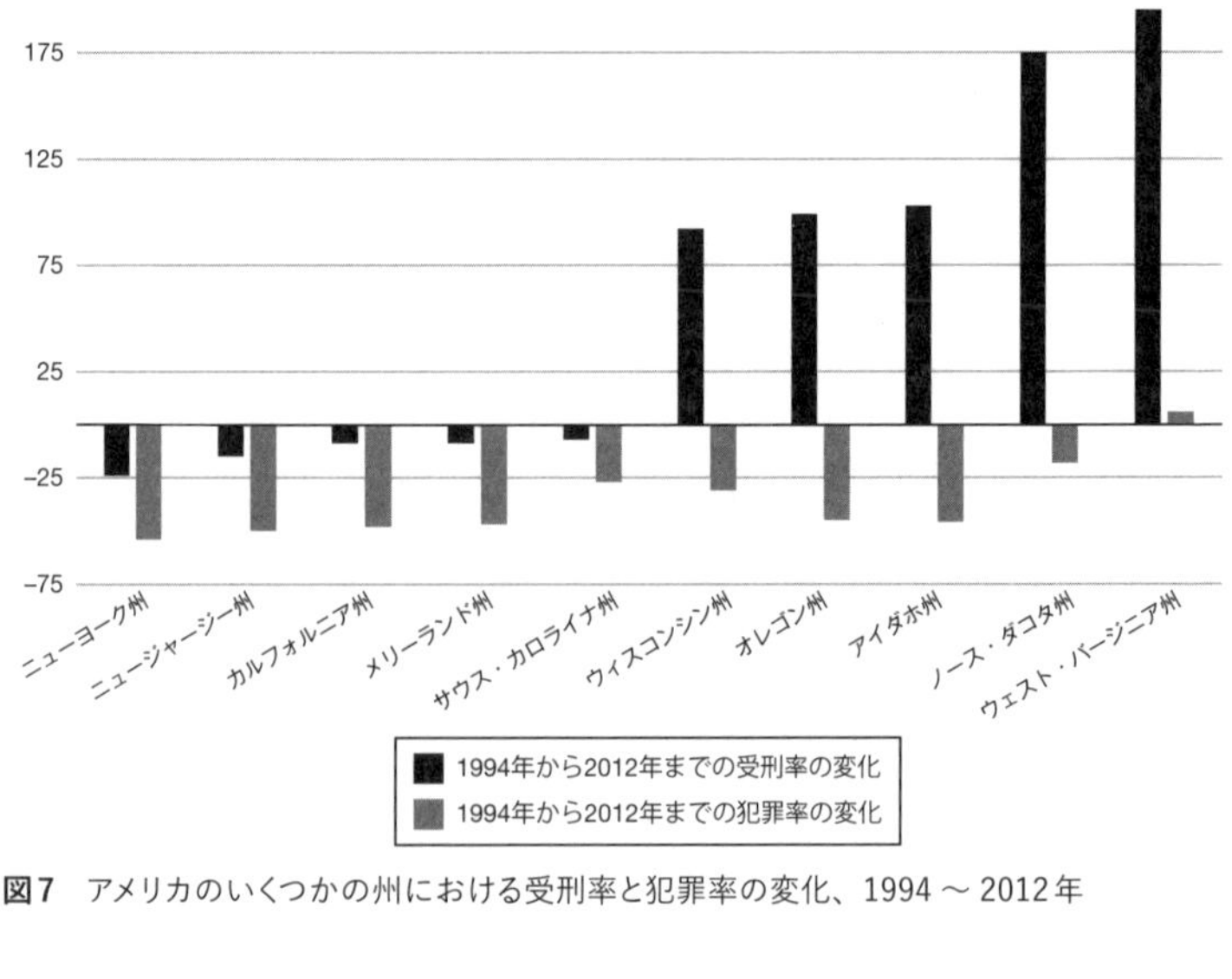

図7 アメリカのいくつかの州における受刑率と犯罪率の変化、1994～2012年

を果たしているということに懐疑的な意見を述べる者もいる。

では、警察活動の変化についてはどうだろうか？　繰り返しになるが、いくつかの都市では、警察の取り締まりに非常に大きな変化が見られる。これには、警察が犯罪問題を分析し、問題が集中している場所に人的資源を集中させる「ホットスポット警察活動」や、地域や近隣の警察活動を拡大したこと、そして地域の犯罪データを問題分析の基礎データとして使用することで、地域警察の指揮官に問題への取り組み責任をもたせる手段ともなる（アメリカではCompstat＝コンプスタットと呼ばれる）管理・アカウンタビリティシステムの導入などが含まれる。「ホットスポット警察活動」の系統的分析では、うまく組織化されたホットスポット警察活動は実際に犯罪の減少につながり、隣接する犯罪率の高い地域にもいくらかその恩恵が広がることが示されている。このようにターゲットを絞った取り締まりを行っている地域では犯罪が減少している。ある計算によると、「コンプスタット」スタイルの管理方法を使って警察活動を集中的に行った地域では、犯罪の減少に5～15％ほど貢献した可能性があるが、影響がそこまで大きいと考えている論者はほとんどいないようである。

警察活動を犯罪の減少と結びつけようとするときに直面する問題の一つが、警察のやり方が都市や法域によって大きく異なるにもかかわらず、ほぼ共通して犯罪が減少しているということである。アメリカ全体の犯罪減少を警察活動によって説明することはできないが、ニューヨーク市では警察活動が特別な影響を与えているのではないかと、ある犯罪学者は主張している。イエローキャブやスカイライン、そして歴史的に犯罪が多いことで知られるニューヨークでは、最近、驚くべきことが起きている。アメリカの主要都市では犯罪が減少しているが、そのなかでもニューヨーク市は激減しているのである。さらに、この犯罪の減少がほかの都市よりも長期間続いているのだ。アメリカの全体的な犯罪の減少には複数の原因が考えられるが、アメリカの犯罪学者フランク・ジムリングは、ニューヨークの犯罪の激減は、おそらく警察活動が変化した結果であると述べている（図8参照）。

では、何が変わったのだろうか？　ニューヨークでは一九九〇年代初頭から街の警察官の数が主要都市のそれをはるかに凌駕しており、その多くが目に見える形で標的

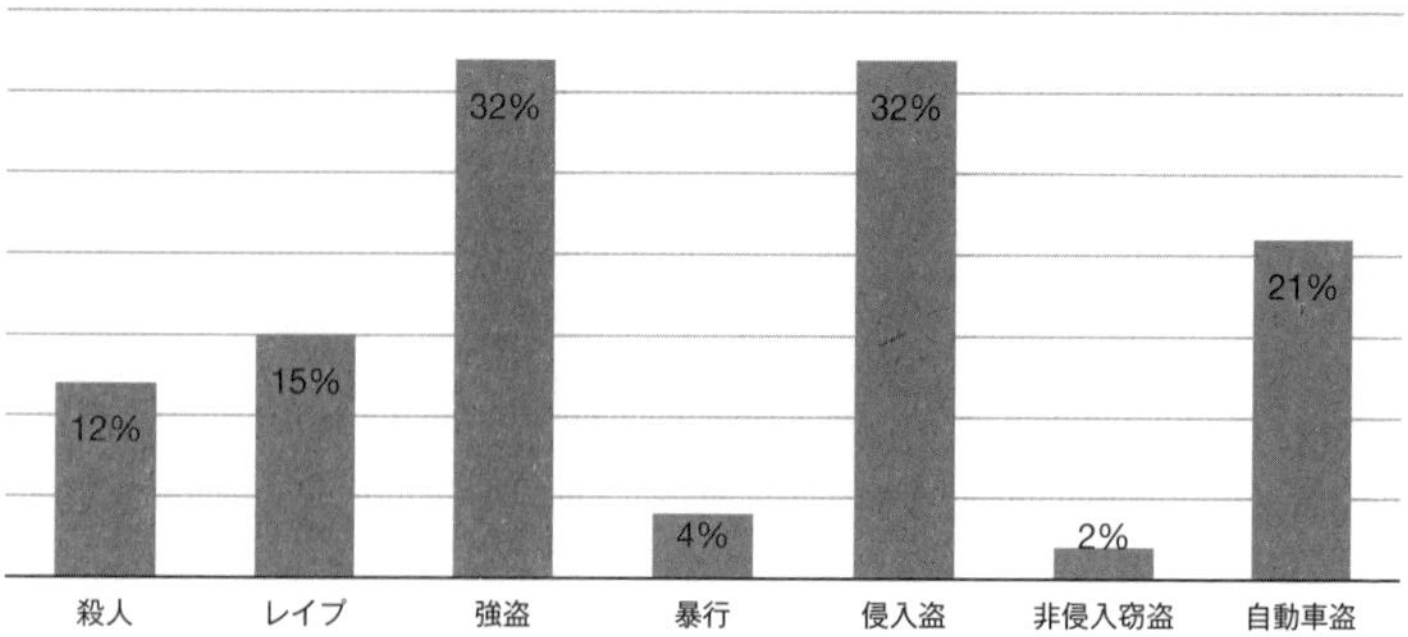

図8　ニューヨーク市における警察による犯罪減少の推定値、1990～2009年

を絞ったパトロール活動を行っていた。また、ニューヨーク市警（NYPD）は、前述の「ホットスポット」とコンプスタット活動の両方を採用し、公の場における麻薬市場の撲滅に特別に焦点を当てて、職務質問と軽犯罪の逮捕を積極的に行うプログラムを実施していた。これによりジムリングは、「警察の重要性」と「犯罪が最も多い地域に優先的に警察官を集中させるべきである」という結論を導いた。では、NYPDはどのくらいの変化をもたらしたのだろうか？　ジムリングによると、日常活動の変化が安全性に影響を与えた可能性もあるかもしれないが、ほかのアメリカの主要都市と比べてニューヨークの犯罪が減少したことを説明できるのは、おそらく警察活動のみだという。

セキュリティと予防

二十世紀における犯罪に関する政治的・政策的な関心は、大半が犯罪者の生活に介入し、更生させる方法に焦点を当てるという傾向にあった。その努力の成果はまちまちだった。一九六〇年代と一九七〇年代は、犯罪が年々増加するにつれ、こうした改革の努力に対する幻滅感が生じ始めた。アメリカの社会学者ロバート・マーティンソンが一九七四年に発表した影響力のあるレビュー「*What Works? Questions and Answers about Prison Reform*

（何が効くのか？　刑務所改革に関する質問と回答）」で、「これまでに報告があった更生への取り組みのなかには、わずかな例外を除き、再犯率に対して評価できるほどの効果はなかった」という結論に達したのは有名である。このような不本意な結果により、「何が効くのか」という時代に代わって「何も効かない」という時代の幕が開けられた。そして、マーティンソンの研究は「何も効かない」という考え方と結びつけられるようになった。

以来、犯罪学的には「状況的犯罪予防」と呼ばれるものが注目されるようになった。これは一般的に、犯罪の実行がより困難になる方法や犯罪の魅力をなくす方法を見出すことに焦点を当てたものである。犯罪予防については、第8章でより詳しく解説する。犯罪が大幅に減少した経験をもつ国々に共通する特徴は、日常生活のさまざまな側面から防犯装置に大きく投資していることである。こうした戦略が功を奏し、犯罪の減少に大きく貢献したといわれている。

防犯仮説の重要な実例の一つとしてよく使われるのが、自動車犯罪の減少である。アメリカの自動車盗は一九九一年から十年間で60％減少した。そのわずか数年後には、イングランド・ウェールズでも同様に自動車盗が減少し、オーストラリアでも二〇〇一年から二〇〇七年の間に同種の犯罪が55％減少している。この期間、さまざまな防犯技術が普及している。たとえば、イングランド・ウェールズでは、集中ドアロック付きの車の割合が一九九一年は35%だったのに対し、二〇〇七年には約90%に上がった。また同期間に、イモビライザーが装備された車の割合は45%から69%に増加した。そのほかにも、さまざまな防犯装置が一般的に利用できるようになった。古い車両の盗難が増えていることがセキュリティ対策の効果を明確に示している。新しい車を盗むのがだんだん難しくなっているため、防犯装置のない古い車が泥棒には魅力的に映るようだ。同様に、オーストラリアやイングランド・ウェールズの調査から、防犯対策の重要性の高まりとともに、鍵の改良が自動車防犯の世界で急速に進んだことで、鍵を壊して侵入するという方法が著しく減少していることがわかる。

次の問題は、この一般的傾向が別の種類の犯罪にも当てはまるかどうかである。確かに、侵入盗の発生率は、自動車と同様の防犯の変化に影響を受けていると考えるのは妥当だろう。この「防犯仮説」を推進する人々は、これまで以上に防犯が大きな影響力をもつだろうと主張する。また、自動車犯罪や侵入盗などは、どちらも「初発型犯罪」と呼ばれる犯罪である。これらの犯罪は、相対的に見て犯罪行為の初心者が行うものであるため、こうした犯罪を減らすことで、犯罪者が今後ほかの形態の犯罪へと移るのを防げるのではないかと期待されている。さらに、そうした犯罪は初めての犯罪であるだけでなく、犯罪者の移動や盗品の移動を可能にしたり、暴力犯罪やほかの種類の窃盗犯罪の現場からすばやく立ち去るのを可能にしたりすることで、潜在的にほかの形態の犯罪を促進する恐れもある。「最重要犯罪」を予防することで、ほかの犯罪行為の予防につながると考えられるのだ。

この特定の分野においてはさらなる研究が必要だが、ある種の犯罪を減少させるには防犯の改善が重要であり、それが、犯罪全体の減少に（どの程度かはわからないが、おそらく大きく）貢献していると考えるのが妥当であろう。結論を出す前に、さらに二つの考慮すべき候補を見てみたい。それは、妊娠中絶法の改正の影響と、無鉛化によるガソリンやガスからの排出物の減少に伴う変化である。どちらももっともらしい説明にはみえないが、近年多くの注目を集めている。

妊娠中絶法の改正

ジャーナリストと経済学者のコンビであるジョン・ドナヒューとスティーブン・レヴィットは、一九七三年にアメリカ最高裁が下した、中絶を合法化するロー対ウェイド裁判の画期的な判決が、犯罪の減少に結びついていると述べた。ドナヒューとレヴィットは、犯罪を行う子どもを出産するリスクの最も高い人たち、たとえば、十代の若者や未婚の女性、そして経済的に不利な状況にある人などが、この新たな自由の恩恵を最も受けていると主張している。そのため、中絶が増加した結果として、子どもの出生数――その後の人生で犯罪に関わるリスクが非常に高い子どもの出生数――が減少するだろうと予想される。また、ロー対ウェイド判決の十八年から十九年後に犯罪の減少が見られ、この期間は、暴力犯罪のピーク年齢とほぼ一致しており、妊娠中絶法の変更後に生まれた最初のコホートがピークに達する時期でもある。犯罪率はその後も減少しており、これは犯罪のピーク年齢に達する新たなコホートがいないということを示すと彼らは主張している。

時折、本格的な学術的精査がされることもあるが、この議論に対する反応は否定的なものが多く、かなり広範な批判が起こっている。まずロー対ウェイド判決が本当に重要なリスクマーカー（シングルマザーや十代の母親など）の出産に実質的な影響を与えたかどうかは大きな疑問である。一九七〇年代を通じてシングルマザーの出生数が増加し続けていると示す十分なエビデンスがあるほか、貧困のなかで生まれる子どもの数が減少したことを証明するものもない。またこの理論にとって致命的なのは、世界の他の地域のデータを見ても、この理論を裏付けるものはないことだ。イングランド・ウェールズでは一九六七年に妊娠中絶法の改正が行われたが、これはロー対ウェイド判決の五年前のことである。しかし、犯罪が減少し始めたのは一九九四年から一九九五年頃で、アメリカでの減少が始まった数年後となっている。これは「最初のコホート」が三十歳近くになった頃で、犯罪のピークをはるかに越した後のことである。さらに、イングランド・ウェールズの妊娠中絶率はアメリカとほぼ同じだが、犯罪の減少、特に殺人の減少に関しては、イングランド・ウェールズの減少はアメリカよりもかなり穏やかだった。繰り返しになるが、これは妊娠中絶法改正が影響を及ぼしているという考えを完全に否定するものではなく、影響が、言われているよりはるかに小さい可能性が高いと考えるべき有力な理由があることを指摘しているに過ぎない。

有鉛ガソリン

これらの要因が相互排他的なものではないことを念頭に置きつつ、近年登場したばかりで、考え方自体はきわめて単純な、鉛汚染に関する問題を、最後に簡単に検討したい。二十世紀初頭、ガソリンにテトラエチル鉛を添加することにより自動車エンジンの効率が大幅に向上した。しかし、テトラエチル鉛が有毒で、骨や血液に一度吸収されると腎臓障害や心臓病、そのほかのさまざまな問題を引き起こす恐れがあるとわかったのは、残念ながら、もっと後になってからのことだった。こうした問題への意識が高まり、政府は一九七〇年代半ばから一九八〇年代半ばまでにガソリンからほぼ完全に鉛を除去した。

小児期における鉛への曝露が、衝動性や攻撃性、低知能指数（ＩＱ）などのさまざまな行動特性と強く関連していることが研究によりわかっている。前述したように、これらの特性すべてが犯罪の重要なリスク要因である。つまり、これらの特性が組み合わさるとき、人は犯罪行為に関与する可能性が高まるとされる。したがって、一九八〇年代に生まれた子どもたちは、それ以前の世代よりも鉛への曝露がはるかに少ないため、彼らが大人になる一九九〇年代後半から二〇〇〇年代初頭には、犯罪に関わる可能性がはるかに低くなっているということだ。鉛汚染説に関して最も興味深いのは、その一般的論理を受け入れれば、一九九〇年代に犯罪が減少し始めた理由を説明できるだけでなく、戦後、犯罪が大幅に増加したことも理解できるということだ（道路を走る車の数の増加と消費される鉛入り燃料の量の増加は、まさに比例している）。この説にはどれほど強い根拠があるのだろうか？

大気中の鉛排出量と犯罪レベルの上昇や下降のパターンが非常に高い類似性をもつことを示す研究が増えてきている。さらに、犯罪の傾向と鉛の排出量のパターンを明確化する研究はアメリカやフランス、ドイツ、イタリアなど、多くの国で行われている。しかし問題も多い。主張通り鉛の除去が成果を示すのだとすれば、その恩恵は時間的に限られているはずである。鉛汚染の影響を受けていない新しい世代が大人になれば、それにつれて犯罪は減少するはずだ。しかし、年齢犯罪曲線を前提とすれば、彼らの犯罪がピークを迎える年にその影響が最大になり、その後は影響が自然に減少していくはずだ。したがって、さらなる犯罪の減少（現在もその傾向は続いている）は、ガソリンの毒性が低くなったということだけでは説明できなくなる。第二に、疫学研究では、犯罪者と非犯罪者の両集団における血中鉛濃度の違いについて、あまり気に留めていないようである。また、研究によれば、財産犯罪よりも暴力犯罪のほうが、鉛の排出量の減少と結びつけられやすいという傾向にある。実際、オーストラリアで行われた最近の研究では、全面的にこの理論を支持する結果はほとんど得られていない。鉛のレベルは一九七〇年代後半から低下したが、主な財産犯罪が低下し始めたのは、鉛除去の影響を受けた人たちの犯罪ピークに当たる時期のはるか後で、彼らが二十代後半～三十代前半になった二〇〇〇年初頭であった。研究者らは、大気中の鉛レベルの低下が暴行の発生率の低下に影響を与えた可能性があると認めているものの、財産犯罪との有意な関連性を示すエビデンスはほとんどないとしている。

最終的な見解

以上のことをどのように理解すればよいだろうか？　第一に犯罪は第二次世界大戦後に

急増した後、一九六〇年代以降にますます急増し、一九八〇年代後半か一九九〇年代のどこかでピークに達してから、その後は減少しているというのが大まかな見解のように思われる。第二に、まったく驚くべきことではないが、犯罪の増加と減少に対して単一で説明できる要因はない。これまで見てきた傾向を解明するうえで、政治経済学や社会的不平等、日常活動の変化、そして最近では犯罪予防への関心の高まりなど、さまざまな要因の組み合わせこそが、もっとも一貫した説明変数となるのである。

この章を終える前に、もう一つ考えなければならないことがある。それはインターネットだ。私たちが日常的に行っている活動の変化のなかで、まだ十分に考慮されていない側面ではないだろうか。私たちの生活、特に若者の生活は以前とはまったく違った形で組織化されており、伝統的に警察が目をつけてきた活動に関わるような場所、つまり街頭やその他の空間で過ごす時間が格段に減っている。だが、こうした若者が犯罪に関与していないというわけではない。多くの犯罪活動の機会がインターネット上には存在しており、単に、これらの活動が、若者の街頭での活動のようにフォーマルには取り締まられていないということだけである。

しかし、この点はもっと深刻な問題につながっている。インターネットをはじめとする現代の情報通信技術（ＩＣＴ）を利用した犯罪が一定の割合で発生しているという事実があり、従来の犯罪の概念に比べて、これらの問題に対するフォーマルな規制がほとんどないというのが事実ならば、私たちの主要な犯罪測定の方法は、犯罪の発生を過小評価してしまっている可能性がある。もしかしたら、私たちが考えてきたほど犯罪は減少していないのかもしれない。

イングランド・ウェールズ犯罪調査が、この問題にちょうど追いつき始めたところである。二〇一四年以来、詐欺やサイバー犯罪をより正確に測定しようと試みているのだ。CSEWの推定では、二〇一六年九月までの一年間で犯罪は620万件あり、ピーク時の一九九〇年代半ばの1900万件から減少している。しかし、実験的に新たな質問が追加されたことで、さらに3600万件の詐欺と200万件のコンピューター不正使用犯罪が追加された。これらを加えると、公表されている推定620万件の犯罪がほぼ倍増し、1180万件となる。それでも一九九〇年代半ばのピークよりはかなり低いが、実際に生じた犯罪の減少は私たちの想定よりもかなり小さい。インターネットが犯罪に与える影響については、もっと多くの調査で何年も継続して、このような質問を行う必要がある。過去二十年間で犯罪が減少していることは確かだが、最先端の測定方法でさえも、この減少の程度を過大評価していることがわかる。第4章の最後に述べたように、慎重な懐疑主義は、統計、特に犯罪統計に関しては、常に健全な出発点なのである。

7

犯罪をどうコントロールするのか？

本章では、犯罪をコントロールするために考えられるフォーマルな手段とインフォーマルな手段の両方について議論したい。まず、刑事司法制度と呼ばれるフォーマルな手段について考察する。刑罰制度には犯罪をコントロールする以外にも多くの機能があり、とりわけ犯罪に与える影響とは独立して、司法を執り行うという機能が存在すると認識するのが重要である。第二に、組織化された刑事司法では、犯罪をコントロールすることに限界があるため、よりインフォーマルな手段を検討していく。つまり、社会化や社会規範・価値観の学習のプロセスなど、インフォーマルな社会統制と呼ばれるもので補強する方法である。世界中の例を用いて、最近の刑罰の行使の傾向を見てみよう。

刑罰の傾向

フォーマルな刑事司法と密接に結びついている機関はいろいろある。最もわかりやすい例は警察や刑事裁判所、刑務所などで、そのほとんどが比較的最近になって登場したものである。国家が資金を提供し、フォーマルに組織化された警察ができてから、まだ二世紀ほどしかたっていない。刑務所はそれ以前から存在していたが、構造や機能は二〇〇〜三〇〇年前のものとは異なっており、裁判所にも同じことがいえる。このような制度は近代的なもので、時とともにその性質や運用方法が変化していくほか、場所によってもかなり違いがある。

刑罰制度もすっかり変化している。少なくとも十八世紀までは、多くの法域で死刑が定期的に執行されており、死刑は国家刑罰の中心となる重要な罰であった。死刑制度を継続している国は、中国（圧倒的に死刑制度の利用が多い国）、インド、日本、シンガポール、そしてアメリカなど数十カ国あるが、徐々に消滅しつつあるようである。現在、アメリカのほとんどの州で一般に科せられる最も重い刑罰は懲役刑である。この一〇〇年ほどの間に、罰金や被害者への補償といった金銭的な処罰から、保護観察や社会奉仕的な処罰のような地域社会に根ざした制裁まで、さまざまな処罰が出現してきた。

この半世紀ほどの間に、刑罰の行使はどのように変化してきたのだろうか。第５章でも見てきたように、多くの国で戦後から一九八〇年代後半または一九九〇年代中頃までの間に、犯罪率が急上昇した後に下降し始め、その後、かなり劇的に低下した。刑罰の行使もこれらの傾向と同様に、犯罪とともに増加し、その後は減少していったのだろうか？　表面的にはもっとものように思えるが、このような仮定を裏付けるエビデンスはない。第６章で見てきたように、犯罪と刑罰は関係ないとまではいわないが、必ずしも私たちが期待するような関係ではない。

まずアメリカから見てみよう。第6章で説明したように、収監に関していえば、アメリカで起こったことは異常としか言いようがない。連邦および州の刑務所人口が一八八〇年から一九八〇年の間に全体で約3万人から25万人以上に増加し、アメリカ人の受刑者数は8倍以上に拡大したのである。しかし、アメリカの人口自体も大幅に増加しているため、受刑率（一般的には人口10万人当たりの受刑者数）のほうがより良い指標となる。一八八〇年の受刑率は10万人当たり61人だったが、一九八〇年には145人に増加しており、これは133％の増加に当たる。

しかし本当に驚くべきことは、これ以降に実際に起きたことである。アメリカの刑務所人口と受刑率は驚異の上昇を始め、その上昇はほぼ継続的に三十年間続いていた。一九八〇年に10万人当たり145人だった受刑率は、二〇〇七～二〇〇八年頃には10万人当たり500人を超えるほどの高水準となった。二十世紀初めの八十年は、刑務所人口は25万人を大きく下回っていたが、二十一世紀初頭には150万人以上に上っている（図9参照）。これに地方のジェイルを加えると、この時点で220万人以上のアメリカ市民が同時期に刑務所に入っていたことになる。

アメリカの刑事司法の監督下にあるすべての人（収監中、仮釈放中、あるいは地域社会で保護観察中の人）を総合すると、二〇〇七年のピークには750万人近くに達した。別の言い方をすれば、アメリカで収監中、保護観察中、仮釈放中の人々の数は、アメリカ第二、第三の都市であるロサンゼルスとシカゴの人口を合わせた数とほぼ同数だった。

繰り返しになるが、これらの統計が非常に一般的であるのに対して、アメリカ国内の各州の刑事司法制度や刑罰制度の運営方法には大きなばらつきがあることを忘れてはならない。たとえば、矯正制度下にいる人の割合（人口10万人当たりの収監中、仮釈放中、保護観察中の人の数）は、メイン州で１０００人弱だが、ジョージア州では成人人口の13人に１人に当たる７６００人強と、州によりさまざまである。このことから、国際基準と照らし合わせると、最も数値の低い州でも、アメリカの矯正制度下にいる人の割合は非常に高いことが

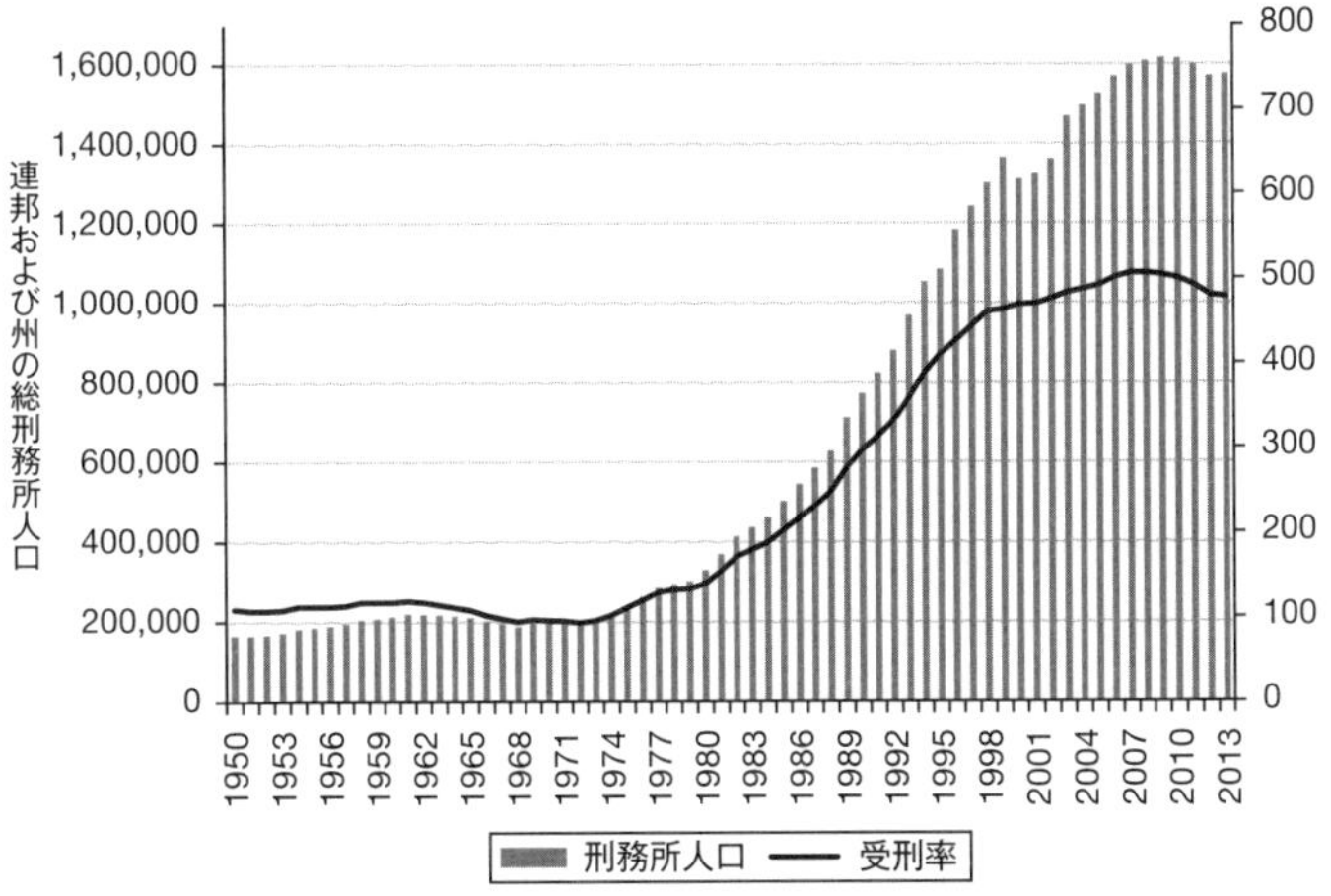

図9　アメリカの連邦および州の刑務所人口および受刑率、1950～2013年

わかる。アメリカをひとまとめにして扱うのは要注意だが、ほとんどどのような点においてもアメリカが他国と比べて際立っていることは事実である。

オーストラリアでは、刑務所人口と受刑率は一定のペースで安定した増加を続けている。一九八二年には刑務所人口が1万人未満だったが、二〇一五年には3万5000人を超え、受刑率も一九八二年の10万人当たり90人弱から二〇一五年にはほぼ200人と、2倍以上の増加を見せている（図10参照）。オーストラリアもアメリカと同様に連邦制であり、州によって大きな違いがある。たとえば、ビクトリア州では二〇一五年の受刑率が10万人当たり約134人であるのに対し、西オーストラリア州は278人と倍以上の開きがあ

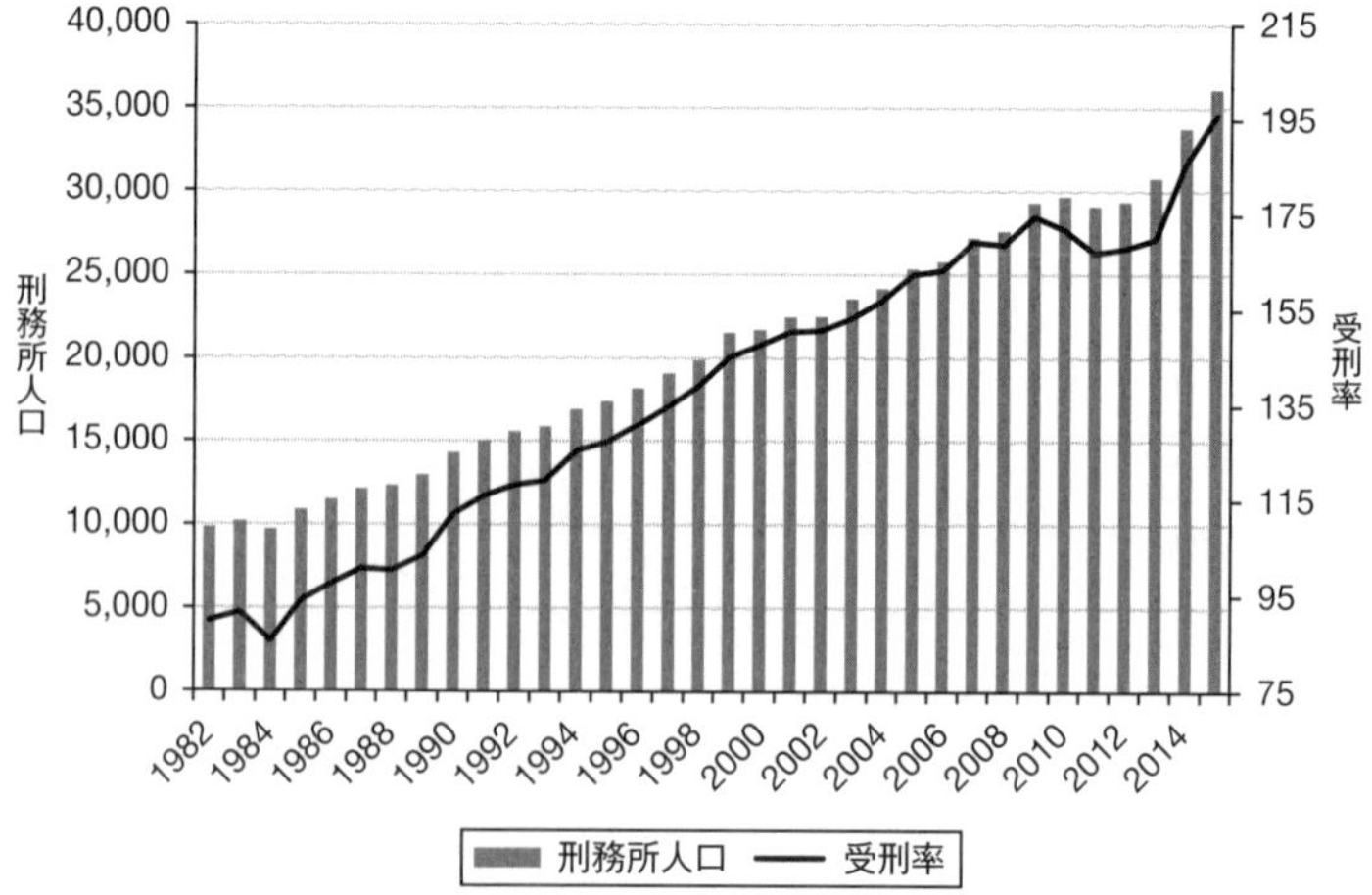

図10　オーストラリアの刑務所人口と受刑率、1982～2015年

る。また、オーストラリアのノーザンテリトリーの刑務所の状況は、10万人当たり９００人近くという驚異的な受刑率となっており、アメリカ(アメリカのすべての州ではないが)をも大幅に上回っている。オーストラリアのノーザンテリトリーがアメリカと共通しているのは、きわめて多くのマイノリティ(この場合はオーストラリアの先住民)が刑務所の制度に関わることである。

アメリカやオーストラリアと同様に、過去二十五年間でイングランド・ウェールズの刑務所に収容される人数も急増した。刑務所人口は戦後から徐々に増加していったが、主要な政党が競って犯罪に厳しいスタンスをとり始めた一九九〇年代初頭から、その人数は跳ね上がった。

これまで見てきた国々とはまったく対照的に、カナダは刑罰の近代史においてほかとは異なる道を歩んできた。カナダでは、刑務所を使用する刑と、地域社会に根差した非拘禁刑の両方が比較的安定している。カナダの受刑率は三十年間、ほぼ横ばいだった(１３２ページ図11参照)。一九八〇年代の初めには、カナダの受刑率はオーストラリアよりもわずかに高かったが、二〇一五年にはオーストラリアの受刑率のほうが、カナダより約50%も高くなっている。またカナダでは、特に一九八〇年代後半から一九九〇年代前半にかけて非拘禁刑の増加が見られたが、全体としては、一九八〇年から二〇一一年の間、矯正制度下にいる人（刑務所、保護観察などの合計）の増加は10％未満であった。

懲罰的な方向に大きくシフトし、刑務所人口や受刑率が急上昇している国が大半だが、逆の傾向を見せる国もある。たとえば、一九九〇年代初頭以降、スペイン、ギリシャ、フランス、アイルランド、スコットランドでは受刑率が大幅に上昇している。オランダは一九八〇年代には比較的低い水準だったが、二〇〇六年までに4倍に増加し、その後の十年間でほぼ半減した。対照的に、カナダと同様スカンジナビアの主要国（スウェーデン、ノルウェー、デンマーク）では、いずれも受刑率の変化が比較的少なく、フィンランドでは受刑率が低下している（一九九二年の10万人当たり70人から二〇一五年には57人に）。

なぜこれほどまでに違いが出るのだろうか？

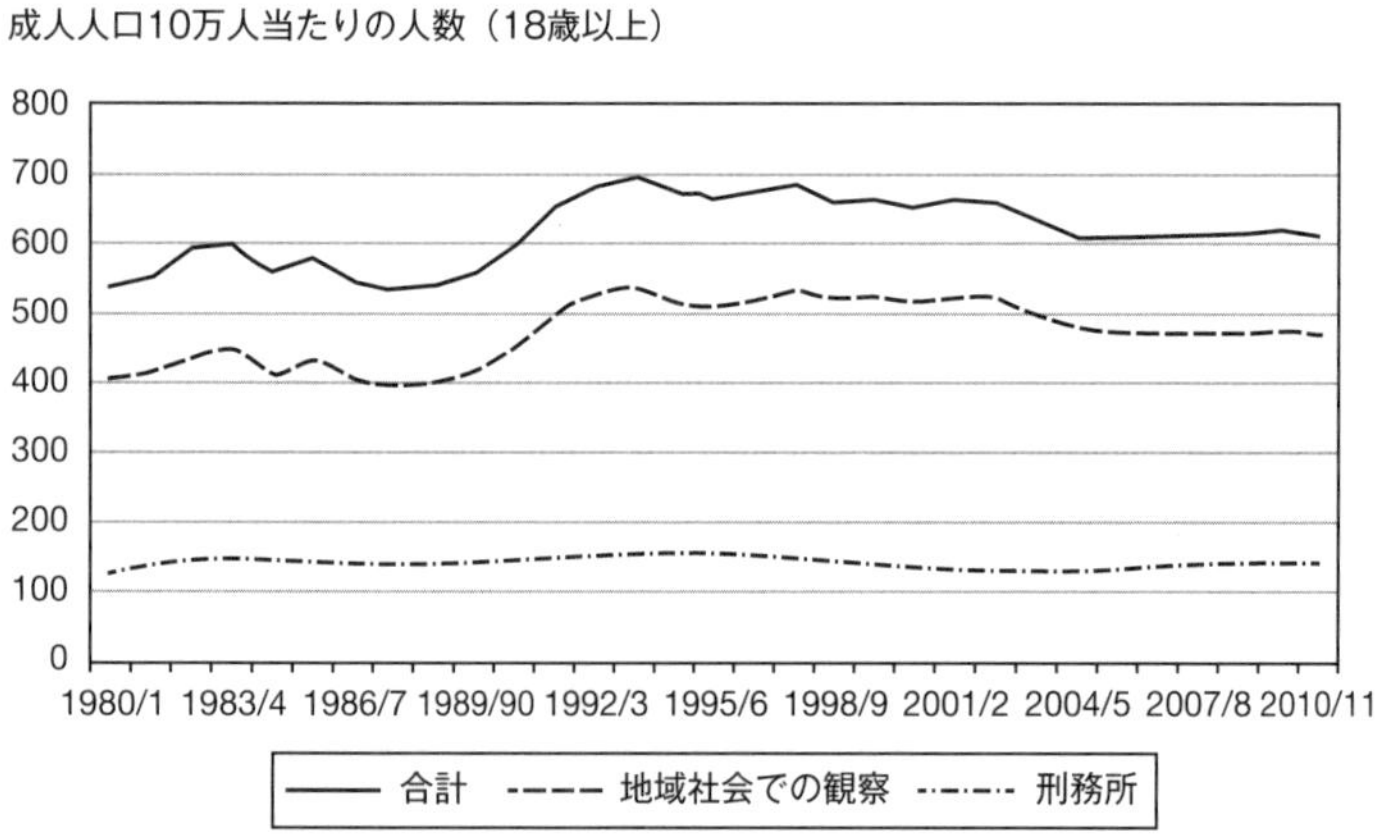

図11　カナダの矯正制度下にいる人の数、1980～2011年

第6章で犯罪の減少について議論したように、刑罰のレベルや種類、および犯罪レベルの間に明確で単純な関係はない。フォーマルな刑事司法が犯罪率に与える影響が必ずしも大きくないことを示す研究は数多くある。これは、警察官の数が増えれば、より安全になるという世論とは正反対である。私たちが見てきたように、そうなる可能性はあっても、まったく保証されるものではない。また、明確な関係がないということは、「犯罪に厳しい」政策、つまり刑務所の増設や厳しい刑罰などは、犯罪を必ず減少させると主張する多くの政治的レトリックとは正反対である。繰り返すが、これまでに示されてきたように犯罪は減少しているかもしれないが、多くの人が思うよりもはるかに減少の度合いは少なく、間違いなく、政治家が主張するより少ない。もし警察や裁判所、刑務所が限定的な影響力しかもたないのであれば、ほかに何が秩序を保つのだろうか？　その答えは、大小の集団のなかにある。すべての人は、一般的な社会の安定と秩序を生み出すインフォーマルなプロジェクトに共同で従事している。日常において予測可能な生活を送ることができるのは、警察官の存在や裁判所の処罰に対する恐れがあるからではなく、どのような社会環境においても多かれ少なかれ個人間の相互作用は予測可能だからであり、予測不可能な結末を避けたいという内在的な願望を誰もがもっているからである。これは、次にテーマとして取り上げるが、私たちが通常「インフォーマルな社会統制」と呼ぶものである。

社会化とインフォーマルな社会統制

前節の最後で、インフォーマルな期待を満たさないときに起こる結末を、私たちは避けたがると述べた。アメリカの犯罪学者チャールズ・ティトルは、かつて「一般的なプロセスとしての社会統制は、ほぼ完全にインフォーマルな制裁に根ざしているようだ」とし、そのうえで、フォーマルな制裁を受ける確率やその厳しさを認識することにはあまり効果がなく、たとえ影響があるとしても、その多くはインフォーマルな制裁をどう認識するかに左右されるようだと述べている。インフォーマルな制裁とは何を意味するのだろうか？

二つの例を挙げてみよう。あなたは以前に何度か会ったことのある人と、道端や廊下ですれ違おうとしている。その人はあなたに向かって歩いてきているが、あなたはその人の名前を覚えていない。避けることはできないとわかっていても、その人の名前が頭に浮かんでこない。自分と一緒に歩いている誰かにその人をうまく紹介できないという状況に対処しなければならないのだ。

これは決して珍しいことではなく、誰しも経験することだろう。多くの人は名前や顔で苦労した経験がある。しかし、なぜそれが問題なのだろうか？ それは社会的慣習で、多くの場合、互いに知らない者同士を紹介せずにいることは失礼だと考えられているからである。要するに、私たちは本質的に、小さな社会的慣習が守れずに恥をかくことを恐れ、正しいことをしたいと思うのだ。誰もそれを取りざたして大騒ぎすることはないが、自分自身のなかで、幾分か不快に感じるのである。私たちは内在化したインフォーマルな社会統制の刺激に反応することで、日常生活のなかのそうした不快感を避けようとし、結果的に予測可能な行動をとり続けるのだ。

ロンドンの地下（地下鉄）システムには、ほかの多くの都市地下鉄システムと同様に、非常に多くのエスカレーターがあり、その多くが非常に長く急勾配で、ラッシュ時にはとても混雑している。エスカレーターの幅は二人が並んで乗れるくらいである。ロンドンのエスカレーターには、立ち止まりたい人はエスカレーターの右側に立ち、左側のスペースは歩きたい人のために空けておくというシステムがある。これはほぼインフォーマルなシステムであり、従わなくてもフォーマルな制裁が加えられるわけではないが、エスカレーターにはそうした行動を推奨する看板がある。このシステムは非常によく機能しており、エスカレーターを上り下りするつもりがない人は、駅の混雑とは関係なく常に右側に立っていることが多い。左側に立っているのは、観光客かあるいはこのシステムやインフォーマルなルールに慣れていない子どもなどがほとんどである。これはどのように機能しているのだろうか？　繰り返しになるが、それはフォーマルな制裁の脅威ではなく、社会的な期待の力によるものである。

このインフォーマルなルールを理解すれば、大部分の人がそれに従うだろう。そのためのコストはほとんどかからない。このルールにおいて重要なことは、それを遵守しないことで生じる結果を避けたいと考えること、つまりエスカレーターシステムの円滑な運営が妨げられたことを不愉快に思う人たちから批判的な意見を浴びるのを避けたいと思うことだ。

社会規範と期待は、私たちが目を覚ました瞬間から私たちの行動を枠づけ、いつ、どのように身支度を整えるのか、いつ、何を食べるのか、そして家族や友人、同僚、および見知らぬ人とどのように対話するのかなどを一日中管理している。日々の習慣は複雑であり、私たちはそれを学んで内面化しなければならない。それは特に具体的なものでも確固たるものではなく、むしろ適切な行動に関する手掛かりや大まかな指針となるものである。家族、学校、地域社会、職場などで学んだように、互いへの期待や自分自身に対する期待が、日常生活の秩序の基本的原理を形成しているのだ。アメリカの社会学者アーヴィング・ゴフマンはこれを「相互行為秩序」と呼び、その働きは「慣習を有効化する諸システム」の結果として簡単に見ることが可能な、ゲームの基本ルールのようなものだと述べている。

ではこの「ゲーム」の参加者は、どのようにしてその一般的な基本ルールを学ぶのだろうか？　シンプルでありながら奥深いこの質問は、「私たちを社会的な存在にするのは何か？　どのようにして大小の集団のなかで行動することを学ぶのだろうか？」を問うものである。このプロセスは、私たちが「社会化」と呼んでいるもので、その主要なエージェントとしては、家族、地域社会、友人や仲間、学校、仕事、メディア、そして少なくとも伝統的には宗教が挙げられる。今日、二人の孫娘が訪ねて来たのだが、年上の孫は四歳児らしく非常にエネルギッシュで、いろいろと監督が必要である。家族との交流のなかでは、振舞い方についていてたくさんの指導が要る。「食事をするときはテーブルに座って食べなさい」「ゲームが全部終わったなら片づけなさい」、また近くの公園に行く途中で「ここはとても交通量の多い道だから走らないで」と言ったりする。こういうことが何度もあったことは言うまでもないが、これは成長するうえでの基礎的要素であり、家族という特定の相互行為秩序を維持するのに役立つものである。

子育てとは、何をして何を言うべきか、ある状況では期待されるが、ほかの状況では期待されないことは何かなどについて定期的に注意を促し、さまざまな行動が他人にどう理解され、認識されるのかを指導することである。簡単に相互作用（行動がどのような反応を示すか）から子どもたちが学びとることも多いが、大半は明示的に指導される。両親からの影響により幼児が社会化していくことは非常に理解しやすい。また、ほかの主要な社会化「エージェント」からの影響についても多くの点で同じことがいえる。特に幼い子どもたちの道徳の教育と発達に、学校がどれだけ重要な役割を果たしているかを理解するのは難しいことではない。同様に、友人や仲間集団は、個人に対してかなりの影響力があり、特定の発達段階で非常に重要なものだろう。仕事の世界やマスメディアの影響、さらにはソーシャルメディアの影響、宗教組織の役割などはすべて、ゴフマンが「慣習を有効化するもの」と呼ぶもの、すなわち日々の行動の基本ルールが、どのように学習されるかを理解するうえで非常に重要である。

さて、犯罪のコントロールに話を戻そう。犯罪学の考え方は、一般的には二つのグループに分けることができる。第一に、人間はおおむね従順で規律を重んじるという前提で始めると、それならなぜ人は犯罪を行うのか、というのが重要な問題となる。対照的に、人間は元来手に負えない利己的なものであるという前提で始めると、人は何に抑制され、ルールを遵守するためになぜ多くの時間を費やすのかが重要な問題となる。大まかに言うと、前者のグループに属する犯罪学者の場合、人がもつ犯罪の動機の違いに興味をもち、後者のグループでは、人を制御するさまざまな拘束やコントロールに焦点を当てている。もし選択を迫られたら、私は前者よりも後者のグループに属することになるだろうが、幸いなことに選択の必要はないので、人間の行動を理解するための研究に両方の視点を利用している。

後者のグループの犯罪学者は、「コントロール論者」と呼ばれる群に大別されることになる。この見解を概説した最も初期の論文の一つは、一九五〇年代に執筆されたジャクソン・トビーのものだ。彼は、特に何がルール違反に関係しているのかに焦点を当てた。

法を守る青年とチンピラの違いは、一方が社会のルールに違反したい衝動をもっているが、他方はもっていないということではない。時速80マイルで自動車を運転したり、相手を殴ったり、お金を払わずに欲しいものを手に入れたりするような状況を魅力的に見せないよう、法律が禁止しているからだ。こうした誘惑にチンピラは屈するが、中流階級の地域に住む少年はそうではない。この違いはどのように説明できるのだろうか?

トビーによると、それは、両者が異なる「同調への賭け」を持っているからである。要するに、一方は他方より、見つかった際に失うものがはるかに多いということだ。違反が公にさらされることにより、彼らの「良い評判」や仕事、そして教育の機会が脅かされるかもしれない。「チンピラ」という用語を使用することは、その個人が社会的慣習を破る人物として知られているか、またはそう思われているという意味であり、彼らの評判はすでに損なわれている。ほぼ間違いなく、彼らには教育や雇用の面で失うものが少ない。このような状況を精緻化した別の論者は、個人の犯罪的な動機による行動化を防ぐものを「同調への投資」と呼んだ。これはのちに「社会的ボンド」と呼ばれるようになる。これは社会化により発達するものであり、評判、信望、自尊心を失うという側面もあれば、将来に期待できる報いを得るという側面もある。ここで説明しているのは、個人の社会的統合が徐々に進んでいく発達過程である。収監はまさにその逆で、社会的な結びつきを断ち切り、さまざまな種類の愛着を弱め、個人の社会的統合の度合いを全体的に低下させるといえるだろう。

コントロール論者の次のステップは、逸脱的欲求を圧迫して制御するコントロールの形態を検討することである。道徳的信念や良心、恥から生じる抑制など、内在化されたコントロールには、家族や仲間、他人からの社会的非難という間接的なコントロールとフォーマルな制裁への懸念から生じる直接的なコントロールがある。コントロール論者は、特に家族による間接的なコントロールと日頃の行いの長期的結果への懸念から生じる自制心の組み合わせが、誘惑に打ち勝つプロセスには重要であると主張しがちだ。

私の見解では、こうした伝統のなかで最も洗練された説得力のある研究は、ロバート・サンプソンとジョン・ラウブによる「年齢で段階づけられたインフォーマルな社会統制理論」である。彼らにとって、犯罪の有無の説明に役立つのは個人の社会的ボンドの強さであり、個人の犯罪パターンの時間的な変化もまた、彼らの生活における社会的ボンドの強さの変化を反映したものである。彼らの一般的命題には三つの主な要素がある。第一に、人生の初期（幼年期と思春期）の非行は、居住地域、家族、学校、友人による社会的コントロールに媒介された成長を規定する構造的文脈の産物である。第二に、これらの初期に確立されたパターンは、個人に影響を与えるコントロールシステムと同様に、かなり崩れにくい傾向がある。そして第三に、後のライフコースで犯罪性のパターンが変化するのは、家族や職場でのインフォーマルな社会的ボンドの有効性を反映している。

彼らは、のちの研究で、ライフコースにおける犯罪パターンの説明を広げ、個人の主体性や（状況に応じた）選択、日常活動、地域文化、マクロレベルの歴史的イベントなどの問題を考慮に入れている。特に地域効果、すなわち地域ごとの犯罪レベルやパターンが比較的安定しているように見える理由に焦点を当てるなかで、「集合的効力感」や「地域資本」など、ほかの概念的なツールを多数導入している。議論の核心は、「住民共通の価値観を認識し、効果的な社会的コントロールを維持する」ための能力に、地域による差異が見られるという点に関係している。この点で、社会的コントロールとは、フォーマルな規制や警察、裁判所などの制度によって誘導される「強制的な同調」を指すのではなく、特定の規範や価値観に従ってメンバーを規制するような集団による一般的な力を指すものである。先に個人の生活において犯罪パターンに及ぼす主な影響について論じたが、ここでも、異なる地域内での犯罪のパターン化に関して同様の一般的な論点が述べられている。重要な影響を及ぼす社会的なコントロールは、フォーマルなものではなく、インフォーマルなものであるということだ。犯罪や犯罪性の説明は犯罪学者によって異なるが、この見立てに異論を唱える犯罪学者はほとんどいないだろう。

犯罪をどのようにコントロールするのか？

歴史的な視点は常に重要である。それは、現在私たちが行っている方法が、これまで行ってきた方法と同じか似たようなものだとする安易な仮定が偽りであると証明してくれるからである。犯罪に対処するために私たちがつくったフォーマルな装置（警察、裁判所、刑務所など）は、実際には大部分が近代的なものであり、現在の一般的な形態になってからまだ二世紀も経っていないということを歴史的な視点は思い出させてくれる。

このような司法のフォーマルなシステムもまた、社会の構造や文化に応じて、かなり異なっている。本章の目的からいえば、おそらく最も重要な教訓は、犯罪学というテーマにとっては皮肉ではあるが、犯罪学者が研究に多くの時間を費やしているもの、すなわち、警察、裁判制度、刑務所、その他のフォーマルな刑事司法機関は、犯罪の性質やレベルを決めるもっとも重要な要因とは考えられていない、ということである。

先に引用したチャールズ・ティトルは、「客観的でフォーマルな制裁(またはそのための規定)は、実際には、少なくとも直接的かつ即時的な意味において、一般的な社会的コントロールとはほとんど無関係のように見える」とまで述べている。「無関係」というのは少し極端で、これらの制度に何の効果もないというのは間違いだろう。慎重に学術的な調査を行うに値するものである。しかし、歴史的にも現在においても、インフォーマルな社会統制のシステムを、犯罪学者がそれほど重視していないことに留意すべきである。したがって、優先すべきは、このようなプロセスを確実に犯罪学的な関心の中心に据えることであり、社会的統合と社会的連帯を創造し、維持するうえで不可欠な、家族、学校、居住地域、職場などの社会的制度を強化する資源やプログラムをサポートするよう主張することである。

8

犯罪を防ぐにはどうすればいいのか？

本書の前半では犯罪の傾向に目を向け、主な指標で一九九〇年代半ばから犯罪が減少していることを発見し、それをどう解釈するかを問うてきた。予想に違わず、この質問に単純明快な答えはない。犯罪レベルはさまざまなことから影響を受けている。経済や人口統計の変化から大気中の鉛の増減に至るまで、さまざまな問題に影響されるのである。そして注目すべきは、これらはすべて非刑事司法的な影響であるということだ。しばしば、警察やその他の刑事司法制度は、犯罪レベルを決定するうえで絶対的な重要性をもつと考えられているが、これを裏付けるエビデンスはない。実際、第7章で見たように、インフォーマルな社会統制により強化された社会化のプロセスが、犯罪を抑制するうえで重要な役割を果たしていることは、ほぼ確実である。またフォーマルな介入という点では、第6章でも述べたように、最近の犯罪の減少にさまざまな犯罪予防技術が大きく貢献していることを示唆するエビデンスはかなり多い。実際、犯罪予防という幅広い分野の研究は、近年の犯罪学の最大の貢献の一つである。

犯罪予防の議論は、通常、社会的アプローチと状況的アプローチと呼ばれるものを区別することから始まる。社会的な犯罪予防は、貧困をはじめ、不十分な教育や社会化、劣悪な住宅、雇用機会の欠如など、犯罪の「根本的な」原因と考えられるものに焦点を当てる傾向がある。対照的に状況的予防は、焦点を絞り、先手必勝でさまざまな手段を用いて犯罪の機会を減少させることを目指している。

犯罪学者は、社会的犯罪予防という言葉は使用しなかったかもしれないが、長い間、このことに関心をもってきた。最も有名で広く公表されている社会的犯罪予防の取り組みの一つに、「ハイスコープ・ペリー就学前プロジェクト」と呼ばれるものがある。このプロジェクトはアメリカのミシガン州を拠点とし、一九六〇年代に開始された介入で、研究により将来犯罪を行う可能性に関連していることが示された、人生の初期のリスク要因を非常に多く示す子どもたち、「ハイリスク」の子どもたちを対象としたものだった。このプログラムでは、子どもたちの知的・社会的発達に特に重点を置いて、二年間すべての平日に、集中的かつ質の高い就学前介入を提供した。三～四歳のアフリカ系アメリカ人の合計127人のなかからランダムに選んだ58人に対して介入を行い、比較のため、プログラムを受けなかったコントロールグループとしてさらに65人が選ばれた。これらの子どもたちは、社会経済的な地位もIQスコアも低く、教育上の失敗のリスク、そして将来的な犯罪関与のリスクもやはり非常に高かった。このプログラムは、評価研究のために適切に設計されており、効果も見られたため、広く知られるようになった。参加した二つのグループの子どもたちは、四歳から十一歳までの毎年、そしてその後も十四歳、十五歳、十九歳と断続的にフォローアップされた。

主に教育に焦点を当てたものだが、このプログラムは広い範囲で肯定的な結果をもたらしたようである。教育面では、プログラムに参加していた子どもたちのほうが高校を卒業する可能性が高いだけでなく、多くの基準において高得点を獲得していた。経済面でも、プログラムを受けなかったコントロールグループの子どもたちより生活保護を受ける可能性が低く、自分の家を所有する可能性が高く、稼ぎもよかった。行動面では、暴力を行う可能性、逮捕率、警察との接触率ともに低かった（図12参照）。費用対効果分析によると、これらの子どもたちに投資した就学前教育により、従来と比較して7倍以上の費用節減につながったとされ、福祉援助や特別支援教育、刑事司法の費用軽減がもたらす納税者へのリターンは、子ども一人当たり8万ドル以上であると示された。その結果、「ハイスコープ・ペリー就学前プロジェクト」は、社会的犯罪予防の取り組みの可能性を示す模範として定期的に利用されている。

状況的犯罪予防（SCP）への関心が高まってきたのは最近のことであり、それは犯罪とその取締りに対する幅広い方向性の変化を反映している。第7章で刑罰の傾向を論じた際には、二十世紀後半に欧米の多くの民主主義国でみられた刑罰の強化という大きな変化に注目した。犯罪についての議論や思考の方法、対応方法がシフトしたことは、二十世紀の初めに広く支持されていた理想からの脱却と表裏一体であった。「更生の理想」と呼ばれてきたものに対する信頼が顕著に低下したことと関連があるのは明らかである。一九一〇年に若き英国内務大臣だったウィンストン・チャーチルは、「犯罪および犯罪者の処遇について、人々がどんな気持ちを抱いているかを見れば、その国の文明の程度が非常によくわかる」という名言を残している。非常に強い更生の倫理に基づく彼の発言は、次のように続く。

国事犯の被疑者や既決犯にさえ、冷静かつ公平にその権利を認め、刑罰を科す義務を任されるすべての者がいつも深く内省し、厳しい刑に服したすべての者をまじめに働かせて更生させたいと人々が願い、過ちを正して生まれ変わらせるために不断の努力をし、誰の心の中にも見いだしさえすればかけがえのない宝物があると固く信じるなら、こうした犯罪と犯罪者の処遇は、蓄えられた国力の象徴となり、その国が力強い美

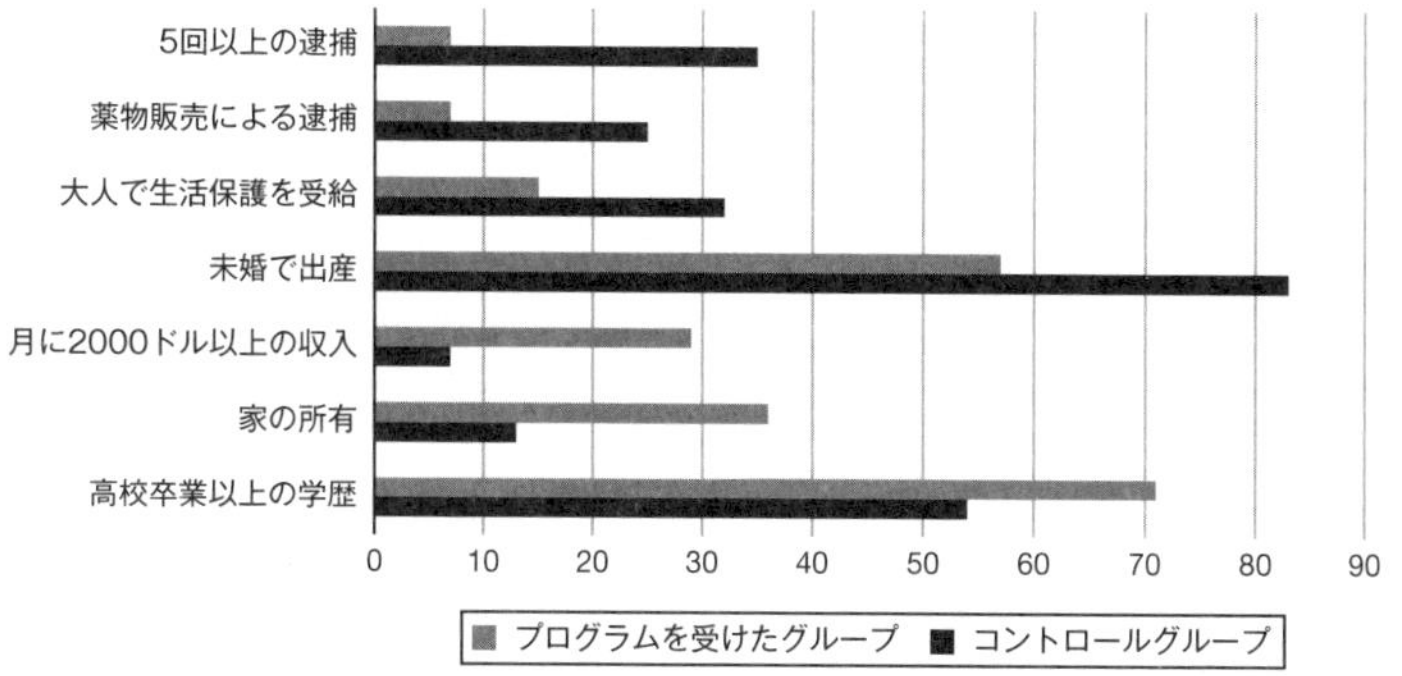

図12　参加者が27歳の時点におけるハイスコープ・ペリー就学前プロジェクトの主な成果

徳を備えている証となる。

一九六〇年代頃まで、多くの欧米諸国の犯罪に関する専門的、政治的、公的な見解の大部分は、このような考えで占められていた。しかしこれ以後、見解の分裂が始まり、その後数十年間は、徐々にこの広範な更生の理想に対する異議が噴出し、別の考え方や言説、実践がそれに代わるようになった。その多くは意図や結果、あるいはその両方において非常に懲罰的なものであった。伝統的な更生のアプローチの信頼が失墜し、より多くの厳しい罰則を適用することに支持が集まっていった。収監を正当化するものとして無害化という考え方が拡大し、人間行動の合理的選択モデルが影響力を増すにつれ、犯罪に対する社会的影響から、個人の責任に対する懸念へと関心が移っていった。これらはすべて、法と秩序に関する政治的論争における非常に大きな変化に支えられており、たとえばアメリカやイギリスでは、法と秩序の分野での厳格なレトリックやさらに厳格な実践に焦点を当てた新しい政治的コンセンサスが生まれていた。

これらの変化と並行して、一部の犯罪学者の視点にも変化が生じた。犯罪や違反行為への伝統的なアプローチによる影響が期待はずれだったことに失望し、一部の学者たちがより効果的な方法を模索し始めた。その結果、犯罪の「深い」社会的原因に対する犯罪学の伝統的な関心に、ＳＣＰのより実用的かつ重点的な形態が加わっていった。ある意味ではＳＣＰに取って代わられた部分もある。すでに述べたように、このＳＣＰの動きは、過去半世紀のなかで最も重要な犯罪学の発展の一つだといっても過言ではない。以下では、ＳＣＰの基礎的要素を確認し、それを支える理論的な考え方をいくつか検討したうえで、事例研究を一つ二つ採り上げる。その上で、ＳＣＰに向けられた批判についても考察したい。

状況的犯罪予防

すでに示しているように、状況的予防は、犯罪の大部分が機会主義的な行動であるという考え方に焦点を当てている。これは、貧困や劣悪な住宅、教育上の不利益など、伝統的な社会的犯罪予防の観点を意図的に回避するアプローチである。むしろ、より直接的で実用的な意図をもち、（犯罪全般ではなく）特定の形態の犯罪を対象とし、環境管理や環境設計に影響を与え、犯罪をよりリスクの高いものにしたり、ほかの方法で犯罪の魅力を低下させたりすることを目的としている。

このようなアプローチのごく初期の例として、建築家であり都市計画家でもあるオスカー・ニューマンによって開発された「防犯空間」という考え方がある。ニューマンは同名の本で、犯罪予防の基礎として環境を設計するという考えを支持した。ニューマンは、現代の住宅設計の多くは、住民がお互いに気を配ったり見知らぬ人を認識したりするのが難しく、監視のない出入り口が多すぎるために犯罪者が簡単に出入りでき、捕まることなく逃げていると批判している。彼は、自然な監視の機会を増やし、居住者が周囲で何が起きているかを確認できるようにすること、安心感をもたらす設計原理を用いること、「領域性」を高めるさまざまな方法を取り入れることなどを提言した。これらはいずれも「自らを守る社会組織を物理的に表現することで犯罪を抑制する住宅環境のモデル」となる。同様の理論的展開としては、オスカー・ニューマンの観点を共有しつつも、犯罪の遺伝的基盤や物理的環境にも着目したC・レイ・ジェフリーの「防犯環境設計」や警察署のより積極的な姿勢と問題解決のためのアプローチを模索したハーマン・ゴールドスタインによる「問題志向型警察活動」が挙げられる。

SCPの主な主張は、すべての犯罪において機会が役割を担っていること、機会は特定のものであり、空間的にも時間的にも集中していること、機会は減らすことができること、そして、ある場所で機会を減らすことにより犯罪をほかの場所に移動させるだけではなく、全体的に犯罪を減少できることである。過去三十年間で、SCPはますます洗練されてきたが、一部の批評家は、SCPが合理的選択理論の一形態に依存していることを懸念している。私たちは基本的に、個人として「効用最大者」だという前提である。つまり、コストを最小限に抑えつつ最大の利益を望み、それを基準として物事を進めるということだ。私たちはミニ会計士であり、利益と損失を計算し、最も役立つと予測されるコースに舵を取っている。

このような観点から、犯罪とは、金銭的なものだけではなく、何らかの利益を得ることを意図して行われる行為であると大枠で理解できる。このような合理的選択理論の適用により、メリットとコストまたはリスクのバランスに手を加えられるのであれば、潜在的な犯罪者の意思決定を変えられるだろうという考えにたどり着く。このほかにも、犯罪者の意思決定はそれぞれの犯罪に特有のものであるということが挙げられる。状況によって動機が異なるため、慎重に的を絞って予防的な取り組みを行う必要がある。ここで、私たちは皆、慎重な意思決定者であり、勝算を秤にかけ、行動の方向性を合理的に決定しているという考えには、異論があるかもしれない。感情についてはどうだろうか？　情報が限られている場合、知的能力が低い場合、あるいは病的な状況についてはどうだろうか？　答えは、「限定合理性」という考え方にある。要するに、どのように行動するかを考える時間がほんの一瞬しかなくても、意思決定のための情報がきわめて限られていても、そのプロセスは「限定合理性」に基づいて行われるという考え方である。犯罪者は、「利用できる時間、資源、情報に制約があるなかで最善を尽くしている」のであり、たとえ一瞬のものにすぎないとしても、このような犯罪者の心理は犯罪予防に利用できるかもしれない。

日常活動理論

SCPの一般的分野におけるすべてのアプローチのなかで、おそらく最も影響力があるのは「日常活動理論（RAT）」だ。第5章で見たように、RATの最も洗練された使用法の一つは、戦後の長期的な犯罪傾向に汎用性のある解釈を打ち立てようとしたローレンス・コーエンとマーカス・フェルソンのマクロレベルの研究である。RATはまずアメリカの犯罪学者であるマーカス・フェルソンと結び付き、フェルソンが「犯罪の化学」と呼ぶものを理解するための基礎として、より実践的な方法で使用されるようになった。これには、第5章で述べた三つの要素がある。動機のある犯罪者、適当な犯罪標的、そして有能な監視者の不在である。第一に、犯罪を行うためには、犯罪を行いたいと思っていて実際に実行できる人、つまり動機をもつ犯罪者がいなければならない。第二に、適当な標的が存在しなければならない。たとえば、盗みたい物や破壊行為をしたい物、暴行や詐取をしたい相手である。そして最後の要素は不在だ。犯罪を防ぐことができる人や物の存在が欠けていることである。これら三つの要素がともに犯罪行為のための基礎となり、化学反応を起こす。ＲＡＴの議論では、これらの要素のいずれかを変更することで、犯罪予防によい影響を及ぼす可能性が指摘されている。

ＲＡＴの三つの要素のうち、よく予防活動の焦点となっているのは、適当な標的と有能な監視者の不在である。犯罪者の動機は、標的の魅力とリスクの度合いを比較した結果の費用対効果を反映していると想定される。有能な監視者とは、犯罪をしそうな者と適当な標的が時間的・空間的に一緒になるのを阻むことができる人や物である。また通常、標的の魅力を決める基準は六つの頭文字ＣＲＡＶＥＤに要約されると考えられている。Concealable（隠匿可能）、Removable（携帯可能）、Available（利用可能）、Valuable（高価値）、Enjoyable（堪能できる）、Disposable（処分可能）だ。

デレク・コーニッシュとロン・クラークの二人は、ＳＣＰと機会の重要性を強調する犯罪予防のアプローチをいち早く提唱した人物であり、犯罪予防のための25の中心的アプローチを特定した。これらは表１（１５６ページ）に示されている。

犯行を難しくする	捕まるリスクを高める	犯行の見返りを減らす	犯行の挑発を減らす	犯罪を容認する言い訳を許さない
1. 犯行対象を防御的に強化する： ・ステアリングロックやイモビライザー ・侵入盗防止スクリーン ・不正開封防止包装	6. 監視者を増やす： ・日常的な予防措置を講じる：夜間は集団で外出する、人がいる気配を残す、携帯電話を持つ ・「コクーン」と呼ばれる地域住民による監視	11. 標的を隠す： ・通り以外での駐車 ・性別不詳の電話帳記載 ・無印の金銭輸送車	16. 欲求不満とストレスを減らす： ・効率のよい行列整理と警察業務 ・座席を増やす ・落ち着く音楽や抑えた照明	21. 規則を決める： ・レンタル契約 ・ハラスメントに対する規則 ・ホテルの登録
2. 施設への出入りを制限する： ・玄関のインターフォン ・電子カードキー ・手荷物検査	7. 自然監視を補佐する： ・街路の照明を改善する ・防犯空間の設計 ・内部告発者への支援	12. 犯行対象を排除する： ・車のラジオをはずす ・女性の避難場所 ・公衆電話用プリペイドカード	17. 対立を避ける： ・サッカーの応援団の座席を分ける ・酒場の混雑を減らす ・タクシーの固定料金	22. 指示を掲示する： ・「駐車禁止」 ・「私有地」 ・「キャンプの火は消せ」
3. 出口で検査する： ・出口でチケットを求める ・輸出書類 ・電子商品タグ	8. 匿名性を減らす： ・タクシー運転手の身分証明 ・「私の運転はどうですか？」ステッカー ・学校の制服	13. 所有物に名前を付ける： ・持ち物に印を付ける ・自動車の登録、部品に印を付ける ・家畜の焼印	18. 感情の高ぶりを抑える： ・暴力的なポルノの規制 ・サッカー場での節度ある行動の奨励 ・人種差別的中傷の禁止	23. 良心に警告する： ・路肩の速度掲示 ・税関申告の署名 ・「万引きは泥棒」
4. 犯罪者をそらす： ・道路閉鎖 ・女性専用トイレ ・酒場を分散させる	9. 現場管理者の活用： ・2階建てバスに監視カメラを設置 ・コンビニに店員を2名配置 ・自警活動の表彰	14. 市場を壊す： ・質屋を監視する ・求人広告の規制 ・露天商の免許発行	19. 仲間からの圧力を緩和する： ・「バカは酒を飲んで運転する」 ・「ノーと言ってもいいんだよ」 ・学校の問題児を引き離す	24. コンプライアンスを補佐する： ・図書館での貸出を簡単にする ・公衆トイレ ・ゴミ箱
5. 道具や武器を規制する： ・「スマート」銃 ・盗まれた携帯電話を無効にする ・青少年へのスプレー塗料の販売規制	10. フォーマルな監視体制を強化する： ・赤信号カメラ ・侵入盗警報装置 ・警備員	15. 利益を否定する： ・盗難の際、商品にインクを付けるタグ ・グラフィティを消す ・徐行のための段差を設ける	20. 模倣を阻止する： ・破壊行為の即日修繕 ・テレビのVチップ ・犯罪手口の詳細検閲	25. 薬物・アルコールを規制する： ・酒場での飲酒検査 ・給仕人の介入 ・アルコールなしの行事

表1　25の状況的犯罪予防技術
出典：*Theory to Practice in Situational Crime Prevention*, Crime Prevention Studies Vol. 16, edited by Martha J. Smith and Derek B. Cornish.

ＲＡＴの影響を受けたＳＣＰ戦略がどのように機能すると考えられているか、いくつかの例を挙げて説明する。表１の最初の列にあるのは、犯罪への取り組みを強化することを目的としたものである。第６章でも簡単に説明したように、この四半世紀で起きた乗り物盗の減少はＳＣＰの力を最もよく表している。かつて自動車メーカーは、車両の盗難や車両の中の盗難の問題にあまり関心をもっていなかったが、今では事実上、防犯装置を装着するのが標準となっている。たとえばイングランド・ウェールズでは、一九九一年には車の三分の一しか集中ドアロックが装備されていなかったが、二〇〇六～二〇〇七年には90％にまで上昇している。また一九九一年には、アラームが付いていた車は23％だったが、その十五年後には60％以上に増え、この間、車の盗難がほぼ半減した。さらに、この三分の二は、一時的な窃盗（盗んだ車でのドライブ、逃亡目的での使用等）の減少であり、機会的な犯罪が最も抑制されたことは明らかである。オーストラリアでは、自動車用イモビライザーの導入が遅れたため、自動車関連犯罪の減少が遅れているが、パターンは非常に似通っている。またオーストラリアの調査によると、盗難車の平均経過年数が上昇している。最新のセキュリティ機能が搭載されていないため、古い車ほど盗難に遭いやすいということだ。

ＳＣＰの二つ目の戦略的手法は、犯罪を行うことのリスクについての認知を高めることである。最もわかりやすい例として、監視カメラ（CCTV）の影響が挙げられる。これは比較的新しく開発された技術であり、ほとんどの人、特に監視カメラが普及しているイギリスの人には馴染みのある光景である。アメリカのイリノイ州シカゴで行われたある実験では、30台の携帯型警察活動実行装置（カメラ）を犯罪の多発地域に設置し、近くの警察官がパトカーに搭載された携帯端末で制御していた。これにより、警察官はリアルタイムで監視ができ、必要に応じて即時に対応することができた。研究者はハンボルト・パークとウエスト・ガーフィールド・パークの二つの地域を研究対象とした。基本の犯罪パターンが類似している地域を比較することが、検出した変化を評価する根拠となった。これらの地域では、五年間にわたって調査が行われ、ハンボルト・パークでは、薬物に関連した犯罪と強盗が約三割、暴力犯罪が約二割減少した。

もちろん、一つの可能性として、麻薬の売人などが単に活動場所を移動しただけ、あるいは研究者たちが言うように、単に犯罪が転移しただけだったのかもしれない。しかしそのようなエビデンスはなかった。カメラの記録と、それに連動した警察や検察の活動が相まって、カメラの存在が一部の人の行動を変える結果となったようだ。しかし、ウエスト・ガーフィールド・パークでは結果が異なり、カメラが設置されて最初の減少が記録された後に、犯罪、特に暴力犯罪が増加した。なぜこの二つの地域でこうした違いがあったのかは明確にはわかっていないが、研究者たちの仮説は警察の行動に違いがあったというものである。つまりハンボルトの警察のほうがカメラに注意を払っており、見たものによく反応していたのだ。もう一つの仮説は、ウエスト・ガーフィールド・パークのほうが、カメラの配置密度が低かったというものである。それでも、全体的な費用対効果分析によれば、シカゴ市は1ドルの支出で、3〜4ドルの節約ができたと推定されている。ほかの都市や国の研究でも、このような一般的な知見と同様の結果が得られる傾向にある。CCTVを効果的に利用するための最適な状況を特定するのに必要な研究のエビデンスは十分とはいえず、それを得るまでにはまだ時間がかかりそうだ。しかし、要約すると、監視カメラは顕著ではないが、若干の犯罪減少につながり、場所によっては（駐車場や公共交通機関など）、ほかの場所（都市や街の中心部）よりもはるかに効果的だということがわかっている。

犯罪予防分野の発展で、より大きな影響力をもつものとして、「ホットスポット警察活動」として知られるものが挙げられる。この取り組みは、犯罪は空間的に集中しがちであるという見解、つまり、ある場所ではほかの場所よりもはるかに犯罪が起きやすいという見解から生まれている。アメリカのミネアポリスで行われた古典的研究では、警察への通報の半分はたった3％の街区から寄せられていた。この発見を受け、一つの試みとして、警察のパトロールを実験的に行ったのである。かつて一般的な警察のパトロールは資源の無駄遣い（犯罪が発生している場所に出くわす可能性が最も低い）と考えられていたが、「ホットスポット」に焦点を当てれば、違った結果が得られるのではないだろうか？　研究者は実験により、警察のパトロールを増加させ、標的を絞ったパトロールを実施すると、言い換えれば問題が集中している場所に警察官を配置すると、その地域で犯罪が大幅かつ持続的に減少することを示すことができた。

犯罪の機会を減らす三つ目のアプローチは、予想通りの見返りを与えないことである。最もよく知られている例の一つに、ニューヨークの地下鉄の清掃に成功したことが挙げられる。地下鉄の列車は一時期グラフィティに覆われており、問題を解決しようとセキュリティを強化したり、グラフィティに強い塗料を使用したりと、数々の試みが行われていたが、どれも失敗に終わっていた。最終的な答えとなったのは、グラフィティ・アーティストの得る見返りの仕組みに切り込むことだった。グラフィティ・アーティストがこうした活動によりどのような利益を得ていたのかを考えると、見られることが鍵となっていた。人々が自分の「タグ」を見てくれることが彼らの求める主な見返りだったため、その観衆を奪うことが犯罪を防ぐ中心的な手段となった。交通局は、グラフィティの影響を受けた列車をできるだけ早く清掃する方針を打ち出した。これによるグラフィティの減少とグラフィティ関連の逮捕者の減少は目を見張るものがあった。実際、このプログラムの関係者二人が観察したように、この問題の規模は「非常に手に負えないもので、これが根絶されたことは、記録上、最も成功した都市政策の『勝利』の一つだと考える者もいた」という。

四つ目は、欲求不満や衝突によるストレスなど、生活のなかの日常的な「挑発」に対処することである。ほとんどの人にとって、たいていの場合、こうした挑発を避けることは簡単なことだが、一部の人や特定の状況では回避するのがかなり難しいこともある。この点において、最も明確に予防活動の可能性を示す例として、刑務所内という極端な環境が挙げられる。刑務所には否定的な刺激があふれているため、定期的にそれを受けてしまい、回避するのが難しい。受刑者同士、そして受刑者とスタッフの間の暴力を減らすために状況的犯罪予防の技術がさまざまなやり方で適用されており、特に過密状態などの刑務所生活における人間味のない要素に起因した欲求不満を減らすために用いられている。

五つ目の戦略はコーニッシュとクラークが特定したもので、犯罪に結びつく言い訳を取り除こうとするものである。一九五〇年代に、グレシャム・サイクスとデイビッド・マッツァという二人のアメリカの学者が非常に説得力のある説を示した。若い非行少年の価値観は、彼らのコミュニティの大人がもつ価値観とさほど変わらないが、非行少年たちは通常、犯罪行為を抑制する道徳的なルールを一時的に中断させる、いわゆる「中和の技術」という戦略を練り上げているという説である。これは、関わった行為について言い訳をしたり、合理化したりする技術で、たとえば侵入盗を犯した少年の場合、普通は誰もが保険に入っているはずだから、誰にも影響はないのではないか？などと主張する。

犯罪の予防や軽減という観点から、最近、行動経済学者は、社会規範の訴求度が高ければ、さまざまな方法でコンプライアンスを高められることを示している。イギリスやアメリカ、オーストラリアで行われた実験では、駐車違反の罰金未納者に送る督促状を少し変えただけで、支払い率が大幅に改善された。アメリカのケンタッキー州で行われたある実験では、未払い者が受け取る督促状に、小さな変更とともに「ルイビルで駐車違反の罰金を科せられたドライバーは、大半が十三日以内に支払う」という簡単な文を添えたところ、支払い率が10％向上した。税金から裁判の罰金の支払いまでさまざまな点で市民のコンプライアンスと協力を高めるには、「10人のうち9人が（当該行為を）行う」といった「行動規範メッセージ」を追加するだけで十分であると示す実験結果が増えている。

再被害化

これまでに、犯罪が発生する場所は均等に分布しているわけでないということを明らかにしてきた。ある意味、これはほとんどの読者にとって特に驚くべきことではないだろうが、犯罪がどの程度集中しているかという点では反応が違うかもしれない。もう一つの問題は、表面的にはそれほど驚きはないように思われているが、犯罪の被害者となる人の数も均等には分布していないということである。もちろん、その場所で起きる犯罪の多さによって、侵入盗に入られたり、暴行を受けたりする可能性は変わる。さらに、人々の日常活動、つまりライフスタイルも、犯罪に遭う確率に影響を与える。金曜や土曜の夜にパブやクラブで自由なひと時を過ごす若い男性は、外出の頻度や場所に制限が多い中年層よりも、暴力の被害を受ける恐れが高いのである。

しかし、ここ数十年の犯罪学における犯罪被害調査の分析で明らかになった重要な発見によれば、一部の人が何度も被害を受けるだけでなく、一度、犯罪の被害者になると将来的に被害に遭う可能性が低くなるどころか、むしろ再び被害者になる可能性が高くなる。たとえば、二〇〇〇年に国際犯罪被害実態調査に報告された犯罪の約40％は、前年に少なくとも1回の犯罪を経験した被害者に向けて繰り返し行われた犯罪であった。自宅に侵入され、物を盗まれたら、「次は別の人の番だ」と思うのが合理的に感じるが、実際には、再び犯罪に見舞われるリスクが増している。それはなぜだろうか？

侵入盗の例に関してはいくつか可能性が考えられる。泥棒は、盗む価値のある品物がまだ残っている、あるいは新しい品物や盗まれたものの代替品があるのではないかと考え、また戻ってくるかもしれない。家自体が泥棒にとって入りやすかったり、その泥棒がほかの泥棒にここなら入れると伝えていたりするかもしれない。さらに、犯罪の種類によっては繰り返されること自体が重要な特徴であったりもする。ここで、明白かつ非常に深刻な例としてDVが挙げられるだろう。こうしたケースでは、被害者は加害者と関係性をもっており、RATの言葉を借りれば、定義上、動機のある加害者だけでなく「適当な標的」もほぼ確実に存在し、有能な監視者がいない可能性も高い（このような暴力に遭った女性は通報する気がないか、通報できない。あるいは警察は介入できない、または警察は介入する気がないだろうと考えるかもしれない）。子どもへの虐待や人種差別的な虐待と暴力についても、再被害化のリスクに関して同様のことがいえるかもしれない。合理的選択理論は再被害化の分野によく当てはまるようだ。ある研究グループが言うように、「同一の犯罪者であれ別の犯罪者であれ、赤ちゃんのキャンディを奪うものは、キャンディがなくなるまで、または成長してキャンディがいらなくなるまで、あるいはキャンディの監視者が到着するまで、赤ちゃんからキャンディを簡単に奪い取ることができるだろう」。

転移と拡散

犯罪の「転移」についてはすでに何度も触れているが、ＳＣＰ型の取り組みに対する批判のなかで、最も頻繁に提起されるものであるため、もう少し考えてみるべきだろう。本章で引用した事例では、犯罪がある場所から別の場所へと空間的に転移することがあると述べた。しかし、これにはいくつか可能性がある。犯罪は、時間的にも（犯罪を行う時間帯を変える）、戦術的にも（犯罪を行う方法を変える）、標的の面でも（たとえば、ある業種から別の業種へと狙いを移す）、罪種の面でも（犯罪者が行う犯罪の種類を変える）転移する可能性がある。犯罪の移転の問題は、防犯対策が犯罪を減らすのではなく、何らかの形で犯罪を再編成しているだけであるという可能性を指摘している。さて、この点については、間違いなくいくらかの真実が含まれているため、この分野の研究者は、防犯対策の転移効果を推定し評価するために、相当な力を尽くしてきた。

いろいろと述べてきたが、転移の問題についてあまり悲観的になる必要はないという理由も多い。よく知られている話のなかには、ある場所で、またはある方法で予防すれば、必ずしも別の場所で問題が起こるというわけではないという、明るい話題がある。これは自殺に関するもので、特に一九六三〜一九七五年にイングランド・ウェールズの自殺者数が急激かつ持続的に減少したことを示すものである（図13参照）。一九六〇年代初頭には、当時は毒性の強かった家庭用ガスの吸入による自殺が40％以上を占めていた。ヨーロッパの多くの国で自殺が増加していた時期に、自殺者の数が三割ほど減少したのは、徐々に家庭用ガスから一酸化炭素が取り除かれた結果だったと思われる。

国内で供給するガスの無害化がガス自殺者を減少させたうえ、全体の自殺者数にも影響を与えたことは、犯罪に関係する話ではないが、ここでは特に興味深い。大まかに言えば、有毒ガスを手に入れられなかったことで、多くの自殺を防ぐことができたのである。ここで重要なのは大きな転移がなかったということだ。つまりこれらの人が、自分たちの命を絶つための新

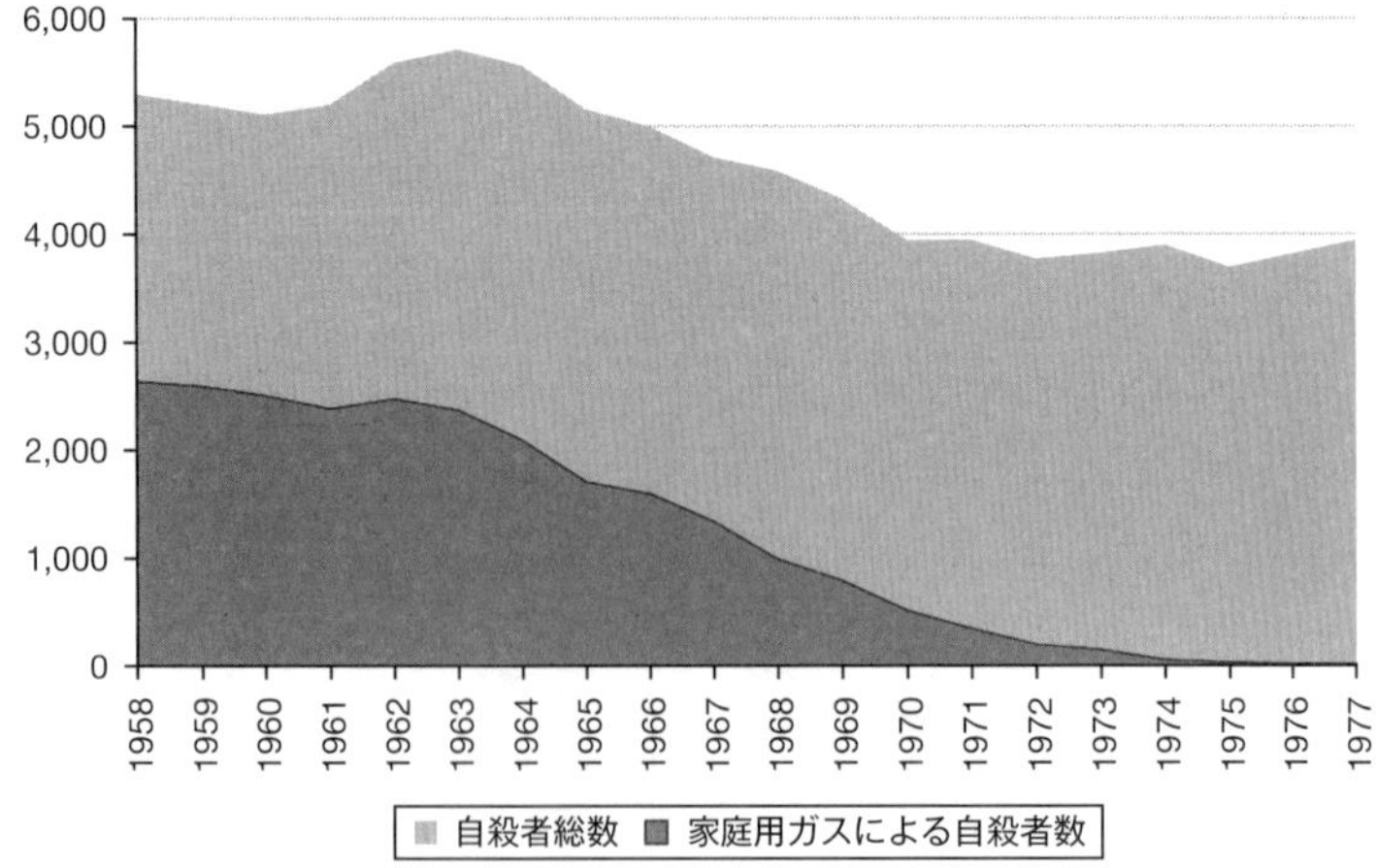

図13　イングランド・ウェールズの自殺者総数と家庭用ガスによる自殺者数、1958～77年

しい手段をすぐに見つけたわけではないということだ。この研究者が言うように、ガス自殺の話は、機会の減少が明確な効果をもたらし、その効果が転移によって相殺されるものでもなかったという確かなエビデンスを提供した。実際、多少の転移が生じたとしても、おそらく殺傷力の低い方法に転じたため、何千人もの命が救われたのである。機会の減少という点に関する希望をもてる明確な知見といえる。

それにもかかわらず、実務家たちは転移に対する批判をかわすことに時間を費やすばかりで、犯罪予防の取り組みが無害であり、潜在的にポジティブな転移効果さえもたらす可能性も含めて、有益になりうる調査研究にはあまり関心をもってこなかった。この点に関して、イギリスの犯罪学者であるケン・ピースは、全体的に犯罪を減らすのではなく、単にリスクの分散に役立つという意味では、転移は無害だといえるかもしれないという議論を展開し、物議を呼んだ。理論的には、犯罪を移動させることは広い意味で社会的に平等な性格のものであり、被害者率を均等化することで、不公正にも一部の地域や一部の人々のみが担っている負担を和らげるのに役立つと、彼は述べている。

研究者たちがこうした考えに実際に目を向けたところ、ある場所での予防活動の効果がほかの場所に波及したり拡散したりするなど、さらにポジティブな可能性が見られ始めた。もう一度言うが、こうした効果の拡散は、対象地域から近隣地域への拡散に限らず、予防対策を直接施していない犯罪が減ったり、予防対策を実施していない時間帯に犯罪が減ったりするなど、さまざまな形で見られる可能性がある。残念ながら、犯罪予防効果の拡散に関する研究はまだ初期段階である。しかし、現存するいくつかの厳密な研究において、肯定的な結果が示されている。

ニュージャージー州ジャージー市で行われた大規模な研究で、二つの地域で路上売春と麻薬の二つの犯罪の問題に焦点を当てた犯罪予防に取り組んだところ、対象地域での犯罪が大幅に減少したのはもちろん、介入が行われなかった近隣の地域、それもすぐ近くの地域とやや離れた地域の両方で、犯罪の減少が確認された。ある地域での売春問題が近隣地域に移転しなかった理由の一つは、周辺の地域に、犯罪が集中していた地域にあるような空きビルや空き住宅がなかったことである。要するに、その地域には有能な監視者の目が集中しており、売春を行うには魅力的とはいえないリスクの高い場所だったのである。研究者によると、ある場所から別の場所に犯罪活動が移動することは、多くの場合、かなりの努力が必要となり、犯罪者にとってはリスクをより背負うことになる。たとえば、同じ研究の質的調査では、麻薬取引に関与している者たちにとっては、数ブロックの移動であっても「ゼロからやり直さなければならない」ため、彼らが顧客基盤を再構築するのに時間がかかり、その結果、以前と同じ金銭的な報酬は得られないと感じていることがわかった。

このように、ある場所で、あるいはある種類の犯罪を対象とした犯罪予防に取り組むことで、ほかの場所にも予期せぬ効果が出ることがある。実際、入手可能なエビデンスのレビューでは、転移（負の影響）と拡散（正の影響）はほぼ同じくらいの確率で起こると示唆している。転移では時間的な転移と標的の転移が最も一般的なのに対し、拡散では空間的な拡散が最も一般的で、次に標的の拡散が続いた。

状況的犯罪予防からもち上がる問題は技術的・実践的なものだけではなく、倫理的な問題もあるということを認識してから、この議論を終わらせなければならない。批評家たちは、予防志向は現状を維持するもので社会改革の必要性から目をそらすことになる、相対的に権力のない者ではなく権力のある者の利害を守る傾向がある、特定のグループや場所を標的にすることで社会的排除を助長する、などと主張してきた。一九六一年には、有名な運動家でありジャーナリストでもあるジェーン・ジェイコブスが、次のような重要な見解を述べている。「よく利用されている道路はたいてい安全な道路である。閑散とした道路はたいてい安全ではない」。彼女は要塞を好むメンタリティが広がることに反対し、その代わりに、第7章でインフォーマルな社会統制について議論した際に登場した日常の社会的相互作用と監視が重要であると主張した。彼女は、それが良好に機能する都市コミュニティの基礎であると示唆していた。

予防の焦点

二十世紀の大半、犯罪学は概して楽観的な見通しをもっており、社会状況の全般的な改善と犯罪や犯罪性に関する知識の発展が組み合わさることで、犯罪レベルは低下するだろうとしていた。しかし、第5章で見たように、戦後数十年間は犯罪が大幅かつ持続的に増加するという特徴があった。このような背景から、改革や更生に向けた介入の力を楽観視する傾向は減退した。この時期に高まりを見せた社会的介入の有効性に対する悲観論は、おそらく大部分が見当違いであったが、犯罪のコントロールに関する政治的論争と改革に向けた努力への投資の両方に重大な負の結果をもたらした。しかし、このような状況のなかで、デイビッド・ガーランドが「日常生活の新しい犯罪学」と呼ぶものが登場した。SCPのような機会に焦点を当てた取り組みは、近年、犯罪学が犯罪のコントロールに対して最も影響を与えた実践であることは間違いない。犯罪学の多くがそうであるように、この分野の多くの研究はまだ比較的初期段階にあり、厳密な研究のエビデンスも豊富ではない。しかし、マーカス・フェルソンが「犯罪の化学」と呼んだものに注意を向けることで、将来的に犯罪を大きく削減できる可能性は十分にあるだろう。

9

犯罪学はどこへ行くのか?

この犯罪学入門では、いくつかの基本的な問題に焦点を当ててきた。犯罪とは何か？ どれくらいの犯罪件数があり、どうすればそれを知ることができるのか？ 犯罪の長期的な傾向はどのように説明できるか？ 誰が犯罪を行うのか？ いつ、どういう理由で犯罪をやめるのか？ そして、どうすれば犯罪を抑制したり、予防したりできるのか？ この第9章に至るまでに、これらが重要で興味深い問題であり、犯罪学はすでにいくつか周到な答えをもっているということに同意してもらえると思う。しかし、将来はどうなるのだろうか？

これまでに、犯罪学が多様な学問分野を起源とし、これらの影響を受けていることもわかっていただけたのではないだろうか。冒頭で述べたように、これは弱点というよりも強みだと思う。文化犯罪学やリアリスト犯罪学、批判的犯罪学、実験犯罪学、犯罪科学など、さまざまな名称で分類される犯罪学が存在している。これらの分類は一般的に、異なる理論的傾向を示し、時には好まれる方法論や先入観も異なっている。また、犯罪学にとって何が重要かという感覚の違いもある。

これらの分類は政治的立場の違いを表すものであり、少なくとも政治的意味合いや予想される結果における立場の違いを示すものでもある。たとえば第8章では、伝統的な社会学的志向をもつ犯罪学的研究に対する信頼が低下するなか、合理的選択に影響を受け、機会に焦点を当てたＳＣＰのアプローチが台頭してきたことを指摘した。犯罪学界における優先順位も、研究によってまったく異なっている。犯罪予防が事件や状況に焦点を当てる一方で、より社会学的な犯罪学では犯罪、刑事司法、刑事政策を理解するための社会的状況に焦点を当て、心理学的犯罪学では犯罪者と彼らのもつ心的な傾向に焦点を当てている。このような対比によって、時に異なるアプローチが異なるパラダイムを示すこともわかる。

社会学的犯罪学派は、犯罪の根深いところにある構造的な基盤にＳＣＰ型のアプローチは関心を寄せていないと批判することが多い。ＳＣＰは、根本的な社会問題、特に社会的不平等に結びつく問題に焦点を当てず、犯罪の根本的な原因から目をそらしていると彼らは主張する。それゆえＳＣＰの実践者たちは、良く言えば自らの仕事へのアプローチにおいて非政治的な態度をとっており、悪く言えば社会的不平等と抑圧を放置して現状を支えるだけだというのだ。それとは対照的に、犯罪科学とＳＣＰの側の反論は、ＳＣＰのアプローチが堅実であり実践的かつ効果的であるとする。さらに、ＳＣＰは、不公平で抑圧的な社会システムに反対して、無批判に犯罪者側につくような「負け犬の社会学」の犠牲になることはないとする。

ここからいくつかの所見が引き出せるのは間違いない。ここではそのうちの二つにスポットを当てたいと思う。第一に、犯罪学の実践は、その用語がどう理解されようとも、必然的に政治的論争と倫理の問題を提起するということである。研究対象から、研究へのアプローチ、研究の目的（明示的であれ暗黙的であれ）に至るまで、犯罪学の活動はどうしても政治的なものになる。犯罪学の対象である犯罪は政治的な現象であり、選挙で政治家が争点にすることが多いだけでなく、犯罪学をどう実践するかという選択には、必然的に特定の社会的価値観が反映される。第二に、犯罪学は、すべての学問や科学的な調査と同様に、特定の歴史的・政治的条件のなかで実践されるということである。犯罪学の歴史は、政治的な観点から部分的に理解することができ、実際にそのように理解しなければならない。犯罪学がどのタイミングで出現し、どのような方法で、どの方向に発展してきたのかは時代の性質を反映している。ＳＣＰの台頭とともにさまざまな社会学的犯罪学の影響力が相対的に低下したことは、部分的には同時代の政治的ムード（この時代は、個人の選択と責任が生活のあらゆる場面で強調され、福祉主義に対する不満や批判が高まっていた）を反映していた。ブレグジットやトランプ大統領当選の余波により経済の混乱が続くなかで筆者は執筆しているが、今は政治的ムードがこれまで以上に熱を帯びているように思われる。今後、犯罪学を含む社会科学が、複雑なあらゆる方法でこの時代を考察していくのは間違いない。

犯罪は思ったほど簡単な概念ではないという、犯罪学の問題の核心に注目するところから本書は始まった。あまりにも問題が多いため、犯罪ではなくハームに焦点を当てるなど、まったく別のことに目を向けさせようとする者もいた。これで問題が解決するという確信はまだないが、現在と将来の犯罪学にとって非常に重要な問題を提起していることは明らかである。これらのなかで最も重要なのは、犯罪学が権力者の犯罪に十分な注意を払っていないことである。

こうした失敗はさまざまな点で見られる。単純にこの失敗を物語っているのが、ほとんどの先進国では、法廷や刑務所を埋め尽くすありふれた犯罪に犯罪学が気をとられ続け、富裕層や権力者が引き起こす犯罪（それが犯罪であると定義されるならば）やハームにあまり焦点を当てていないことである。犯罪学者が伝統的に「ホワイトカラー」犯罪や「企業」犯罪と呼んできたものは、犯罪学的にはごく一部にすぎない。これは、犯罪学が国家による「犯罪」も含め、考察の対象をより広く考えるよりも、国家が定義する「犯罪」を安易に受け入れてしまう傾向にあることを反映している。確かに、このような批判に関していえば、現代の犯罪学の多くは現状への疑問を十分に投げかけているとはいえない。

これに関連して、犯罪学は新自由主義の結果に対し、批判的な関心を向けることを怠っているといえる。この点に関して、最も一貫性と思慮深さを兼ね備えた批評家の一人であるロバート・ライナーは、「現代の犯罪は資本の犯罪である」とし、この点は間違いなく、犯罪学の伝統的な問題と同様に重要であると主張している。しかし、二〇〇七年後半のアメリカのサブプライム住宅ローンの問題に始まり、二〇〇八年九月のリーマン・ブラザーズの破綻に至った世界的な経済危機に焦点を当てた犯罪学的研究がどれぐらいあっただろうか。もう一度言うが、ほとんどない、というのが答えである。これは、現代の犯罪学が最近まで政治経済学に限定的な関心しかもってこなかったことを反映するものだ。幸いなことに、特に刑罰の比較研究において、この状況が変化し始めているという明確な兆しが見られる。ごく近い将来の犯罪学が、再び政治経済学の問題に関わる研究を急拡大させ、権力者の不法行為にも、権力をもたない者の犯罪や軽犯罪と少なくとも同程度の焦点を当てられるようになると期待したい。

犯罪学の研究では、世界的な不平等にもっと注意を払う必要があるだろう。犯罪学の歴史のほとんどは、英語圏の研究者によるものだ。本書も例外ではなく、犯罪学における問題の大部分は北半球的であり、英米的な見解であった。ただし、この北半球的な問題が一様ではないことも理解いただいていると思う。近年では、犯罪学的な視点を広げ、脱植民地化・民主化していくため、「南半球」の視点への理解を深めようとする学者が増えてきている。伝統的な北半球の犯罪学の焦点は、植民地主義の影響や、異なる文化における警察活動や刑罰、紛争解決の歴史や実践などを無視する傾向があり、結果として犯罪学の関心事の方向転換が必要になったと、彼らは主張している。

犯罪学の守備範囲はすでにかなり大きく、社会学、心理学、法学、政治学、経済学、歴史学、生物学などの問題も含んでいる。その核となるものは、非常に哲学的なものから広く実用的なものまで多岐にわたり、犯罪学の手法は社会科学と自然科学の両方から導き出されている。実際のところ、犯罪学の焦点は依然として、私たちが犯罪者や逸脱者あるいはハームをもたらす者として扱う人間の行為へと向けられ、そうした行為に介入が必要か否かが議論される。しかし、私たちが暮らす世界は急速に変化しており、このことが犯罪学者に大きな課題を突きつけている。グローバリゼーション、経済の複雑化・多国籍化、国境を越えて自発的・強制的に移動する人々の増加、インターネットや新しいコミュニケーション技術の影響力の拡大、環境変化がもたらす深刻なリスクなど、これらすべてが犯罪学に大きな問題を投げかけており、これらは決して無視できない問題でもある。これらの課題に立ち向かうことで、犯罪学の未来はきっと刺激に満ちたものになるだろう。

参考文献，引用元

犯罪学全般の入門書

Adler, F. (2013) *Criminology*. Maidenhead: McGraw Hill.

Liebling, A., Maruna, S., and McAra, L. (eds) (2017) *Oxford Handbook of Criminology*. Oxford: Oxford University Press.

Newburn, T. (2017) *Criminology*. London: Routledge.

Reiner, R. (2016) *Crime*. Cambridge: Polity Press.

Tonry, M. (2013) *Oxford Handbook of Crime and Criminal Justice*. New York: Oxford University Press.

第１章　はじめに

引用元

10ページ：「哲学者は思想を、詩人は詩を、牧師は説教を、教授は概説書を生み出している。そして犯罪者も犯罪を生み出している」 Marx and Engels, *Collected Works*, vol. 30; quoted also in Wheen, F. (1999) *Karl Marx*. London: Fourth Estate, pp. 308-9.

12ページ：犯罪学には「明確な理論的対象もなければ，独自の調査方法もない」 Garland, D. (2011) Criminology's place in the academic field, in Bosworth, M. and Hoyle, C. (eds), *What is Criminology?* Oxford: Oxford University Press.

参考文献

犯罪学の歴史と位置

Beirne, P. (1993) *Inventing Criminology*. London: SUNY Press.

Bosworth, M. and Hoyle, C. (eds) (2011) *What is Criminology?* Oxford: Oxford University Press.

Garland, D. (1985) The criminal and his science: a critical account of the formation of criminology at the end of the nineteenth century, *British Journal of Criminology* 25: 109-37.

Garland, D. (2002) Of crimes and criminals: the development of criminology in Britain, in Maguire, M., Morgan, R. and Reiner, R. (eds), *The Oxford Handbook of Criminology*. Oxford: Oxford University

Press.
Rafter, N. (ed.) (2009) *Origins of Criminology: Readings from the Nineteenth Century*. London: Routledge.

第２章　犯罪とは何か？

引用元

25ページ：夫は正妻をレイプしても罪にはならない。なぜなら、妻は夫婦間の合意と契約によって、この種の行為を夫に認めたからである。Pateman, C. (1980) Women and consent, *Political Theory* 8/2: 149-68.
25ページ：*Times of India*, 'Why isn't marital rape a crime in India?', 9 September, <http://timesofindia.indiatimes.com/life-style/relationships/love-sex/Why-isnt-marital-rape-a-criminal-offence-in-India/articleshow/54223996.cms> (accessed 9 February 2017).
26ページ：United Nations General Assembly (2015) Report of the Special Rapporteur on Freedom of Religion or Belief, 23 December, UN: A/HRC/31/18.

参考文献

女性に対する暴力

United Nations General Assembly (2006) In-depth study of all forms of violence against women, <https://documents-dds-ny.un.org/doc/UNDOC/GEN/N06/419/74/PDF/N0641974.pdf?OpenElement>.
Randall, M. and Venkatesh, V. (2006) Symposium on the international legal obligation to criminalize marital rape: criminalizing sexual violence against women in intimate relationships: State obligations under human rights law, *American Journal of International Law Unbound*, January.

ジェームズ・バルジャーとシリエ・レデルガードのケース

Green, D.A. (2008) *When Children Kill Children*. Oxford: Clarendon Press

アメリカ等での「ストップ&フリスク」

New York Civil Liberties Union: <http://www.nyclu.org/content/stop-and-frisk-data>.
Gelman, A., Fagan, J., and Kiss, A. (2012) An analysis of New York City Police Department's 'stop and frisk' policy in the context of claims of

racial bias, *Journal of the American Statistical Association*, 102/479: 813-23.

Bowling, B. and Phillips, C. (2007) Disproportionate and discriminatory: reviewing the evidence on police stop and search, *Modern Law Review*, 70/6: 936-61.

オーストラリア先住民の収監率

Weatherburn, D. (2014) Arresting Incarceration: Pathways Out of Indigenous Imprisonment. Canberra: Australian Institute of Aboriginal and Torres Strait Islander Studies.

Weatherburn, D. and Ramsay, S. (2016) What is causing the growth in indigenous imprisonment in New South Wales? Sydney: NSW Bureau of Crime Statistics and Research, Issue paper no.118, August.

（企業）犯罪とハーム

Tombs, S. and Whyte, D. (2015) *The Corporate Criminal*. London: Routledge.

Hillyard, P. and Tombs, S. (2007) From 'crime' to 'social harm', *Crime, Law and Social Change*, 48/1-2: 9-25.

第３章　誰が犯罪を行うのか？

引用元

53～54ページ：「大人の反社会的行動は，事実上，子どもの頃の反社会的行動を必要とする」Robins, L.N. (1978) Sturdy childhood predictors of adult antisocial behaviour: replications from longitudinal studies, *Psychological Medicine*, 8: 611-22, at p. 611.

58ページ：「貧困や劣悪な地域、児童虐待のせいにすることはできない」Raine, A. (2013) *The Anatomy of Violence: The Biological Roots of Crime*. London: Allen Lane.

参考文献

犯罪キャリアと犯罪パターン

Wolfgang, M.E., Figlio, R.M., and Sellin, T. (1972) *Delinquency in a Birth Cohort*. Chicago: University of Chicago Press.

Loeber, R., Farrington, D.P., Stouthamer-Loeber, M, and White, H.R.

(2008) *Violence and Serious Theft: Development and Prediction from Childhood to Adulthood*. New York: Routledge.
Prime, J., White, S., Liriano, S., and Patel, K. (2001) Criminal careers of those born between 1953 and 1978. Statistical Bulletin 4/01. London: Home Office.
Clancy, A., Hough, M., Aust, C., and Kershaw, C. (2001) *Crime, Policing and Justice: The Experience of Ethnic Minorities. Findings from the 2000 British Crime Survey*. London: Home Office.

データソースの比較

Jolliffe, D. and Farrington, D.P. (2014) Self-reported offending: Reliability and validity, in Bruinsma, G. and Weisburd, D. (eds), *Encyclopedia of Criminology and Criminal Justice*. New York: Springer-Verlag.
Piquero, A.R., Schubert, C., and Brame, R. (2014) Comparing official and self-report records of offending across gender and race/ethnicity in a longitudinal study of serious youthful offenders, *Journal of Research in Crime and Delinquency*, 51: 526-56.
Farrington, D.P., Auty, K.M., Coid, J.W., and Turner, R.E. (2013) Self-reported and official offending from age 10 to age 56, *European Journal of Criminal Policy and Research*, 19: 135-51.

犯罪，ジェンダー，エスニシティ

Moffitt, T.E., Caspi, M., Rutter, P., and Silva, A. (2001) *Sex Differences in Antisocial Behaviour: Conduct Disorder, Delinquency and Violence in the Dunedin Longitudinal Study*. Cambridge: Cambridge University Press.
Piquero, A.R. and Brame, R.W. (2008) Assessing the race-crime and ethnicity-crime relationship in a sample of serious adolescent delinquents, *Crime and Delinquency*, 54/3: 390-422.
Sampson, R.J., Morenoff, J.D., and Raudenbush, S.W. (2005) Social anatomy of racial and ethnic disparities in violence, *American Journal of Public Health*, 95: 224-32.

ホワイトカラー犯罪

Braithwaite, J. (1979). *Inequality, Crime and Public Policy*. London: Routledge.

Tombs, S. and Whyte, D. (2015) Introduction to the special issue on 'Crimes of the powerful', *Howard Journal*, 54/1: 1–7.

Klenowski, P.M. and Dodson, K.D. (2016) Who commits white-collar crime, and what do we know about them?, in Van Slyke, S.R., Benson, M.L., and Cullen, F.T. (eds), *The Oxford Handbook of White Collar Crime*. New York: Oxford University Press.

Cohen, M.A. (2016) The costs of white collar crime, in Van Slyke, S., Benson, M.L., and Cullen, F.T. (eds), *Oxford Handbook of White Collar Crime*. New York: Oxford University Press.

犯罪のコスト

Anderson, D.A. (2012) The cost of crime, *Foundations and Trends in Microeconomics*, 7: 209–65.

犯罪の分布

Robins, L.N. (1978) Sturdy childhood predictors of adult antisocial behaviour: replications from longitudinal studies, *Psychological Medicine*, 8: 611–22, at p. 611.

Farrington, D. and West, D. (1993) Criminal, penal and life histories of chronic offenders: risk and protective factors and early identification, *Criminal Behaviour and Mental Health*, 3: 492–523.

Farrington, D. (2010) Life-course and developmental theories in criminology, in McLaughlin, E. and Newburn, T. (eds), *Sage Handbook of Criminological Theory*. London: Sage.

Moffitt, T.E. (1993) Adolescence-limited and life-course-persistent antisocial behavior: a developmental taxonomy, *Psychological Review*, 100/4: 674–701.

Raine, A. (2013) *The Anatomy of Violence: The Biological Roots of Crime*. London: Penguin.

Raine, A. (2002) Biosocial studies of antisocial and violent behaviour in children and adults: a review, *Journal of Abnormal Child Psychology*, 30/4: 311–26.

犯罪からの離脱

Sampson, R.J. and Laub, J. (2005) A life-course view of the development of crime, *Annals of the American Academy of Political and Social*

Science, 602: 12–45.
Maruna, S. (2001) *Making Good: How Ex-Convicts Reform and Rebuild their Lives*. Washington DC: American Psychological Association.

第４章　犯罪はどのように計測されるのか？

引用元

73～74ページ：「警察には街の評判を守る義務があるが、既存の法的・行政的な仕組みでその義務が効率的に果たせない場合には、統計上で果たすこともある」　Donald Cressey, Wolfgang, M.E. (1962–3) Uniform crime reports: a critical appraisal, *University of Pennsylvania Law Review*, 111: 708.

参考文献

犯罪の計測

Tonry, M. and Farrington, D. (2005) *Crime and Punishment in Western Countries 1980–1999*. Chicago: University of Chicago Press.
Langton, L. (2012) *Victimizations not reported to the police, 2006–2010*. US Department of Justice Special Report, NCJ 238536.
Donald Cressey, Wolfgang, M.E. (1962–3) Uniform crime reports: a critical appraisal, *University of Pennsylvania Law Review*, 111: 708.
Xu, J. (2017) Legitimization imperative: the production of crime statistics in Guangzhou, China, *British Journal of Criminology*, 58/1: 155–76.

オーストラリアの場合

Ombudsman Victoria (2009) *Crime Statistics and Police Numbers*, Session 2006-09 P.P. No. 173, March.

イングランド・ウェールズの場合

Public Administration Committee (2014) *Caught red-handed: why we can't count on police recorded crime statistics*, Thirteenth Report.

女性に対する暴力の計測

Kruttschnitt, C., Kalsbeek, W.D., and House, C.C. (eds) (2014) *Panel on Measuring Rape and Sexual Assault in Bureau of Justice Statistics Household Surveys*. London: National Academies Press.

Committee on National Statistics: <http://sites.nationalacademies.org>.
Division on Behavioral and Social Sciences and Education, National Research Council, Washington DC, <http://sites.nationalacademies.org/DBASSE/index.htm>.
Lauritsen, J.L., Gatewood Owens, J., Planty, M., Rand, M.R., and Truman, J.L. (2012) *Methods for Counting High-Frequency Repeat Victimizations in the National Crime Victimization Survey*, NCJ 237308. Washington DC: US Department of Justice.
Walby, S. and Myhill, A. (2001) New methodologies in researching violence against women, *British Journal of Criminology*, 41/3: 502–22.
Walby, S., Towers, J., and Francis, B. (2016) Is violence increasing or decreasing? A new methodology to measure repeat attacks making visible the significance of gender and domestic relations, *British Journal of Criminology*, 56/6: 1203–34.

第５章　近年の犯罪の傾向を理解する

参考文献

全般
Garland, D. (2001) *The Culture of Control*. Oxford: Oxford University Press.

保険の影響
Moss, E. (2011) Burglary insurance and the culture of fear in Britain, c. 1889–1939, *Historical Journal*, 54/4: 1039–64.
Michelbacher, G.L. and Carr, F.H. (undated) Burglary, theft and robbery insurance, <https://www.casact.org/pubs/proceed/proceed24/24033.pdf>.

日常活動
Cohen, L. and Felson, M. (1979) Social change and crime rate trends: a routine activities approach, *American Sociological Review*, 44/3: 588–608.

文明化の過程と犯罪
Elias, N. (1978) *The Civilizing Process*. Oxford: Blackwell.
Pinker, S. (2011) *The Better Angels of our Nature*. London: Penguin.

Eisner, M. (2001) Modernization, self-control and lethal violence: the long-term dynamics of European homicide rates in theoretical perspective, *British Journal of Criminology*, 41/4: 618-38.

「アンダークラス」と犯罪

Murray, C.A. (1990) *The Emerging British Underclass*. London: Institute of Economic Affairs.

Lister, R. (1996) *Charles Murray and the Underclass: The Developing Debate*. London: Institute for Economic Affairs.

第６章　犯罪の減少を理解する

参考文献

全般

Farrell, G., Tilley, N., and Tseloni, A. (2014) Why the crime drop?, in Tonry, M. (ed.), *Crime and Justice*, 43: 421-89.

Tonry, M. (2014) Why crime rates are falling throughout the Western world, in Tonry, M. (ed.), *Crime and Justice*, 43: 1-62.

Baumer, E.P. and Wolff, K.T. (2014) Evaluating contemporary crime drop(s) in America, New York City, and many other places, *Justice Quarterly*, 31/1: 41-74.

Roeder, O., Eisen, L-B., and Bowling, J. (2015) *What Caused the Crime Decline?* New York: Brennan Center for Justice, New York University.

Levitt, S.D. (2004) Understanding why crime fell in the 1990s: four factors that explain the decline and six that do not, *Journal of Economic Perspectives*, 18/1: 163-90.

Zimring, F. (2007) *The Great American Crime Decline*. New York: Oxford University Press.

政治経済学

Reiner, R. (2016) *Crime*. Cambridge: Polity Press.

Lynch, M.J. (2012) Re-examining political economy and crime and explaining the crime drop, *Journal of Crime and Justice*, 36/2: 248-62.

抑止と累犯

Tonry, M. (2008) Learning from the limitations of deterrence research,

Crime and Justice, 37/1: 279-311.
Nagin, D. (2013) Deterrence in the twenty-first century, *Crime and Justice*, 42/1: 199-263.
Durose, M.R., Snyder, H.N., and Cooper, A.D. (2014) Multistate criminal history patterns of prisoners released in 30 states, U.S. Department of Justice, NCJ 248942.
Weatherburn, D. (2010) The effect of imprisonment on adult reoffending, *Crime and Justice Bulletin*, New South Wales: Bureau of Crime Statistics and Research.

無害化
Zimring, F. and Hawkins, G. (1995) *Incapacitation: Penal Confinement and the Restraint of Crime*. New York: Oxford University Press.
Spelman, W. (2000) The limited importance of prison expansion, in Blumstein, A. (ed.), The *Crime Drop in America*. New York: Cambridge University Press.
Skarbek, D. (2014) *The Social Order of the Underworld*. Oxford: Oxford University Press.

警察活動
Braga, A.A. (2014) The effects of hot spots policing on crime: an updated systematic review and meta-analysis, *Justice Quarterly*, 31/4: 633-63.
Zimring, F. (2012) *The City that Became Safe: New York's Lessons for Urban Crime and Its Control*. New York: Oxford University Press.

防犯仮説
Martinson, R. (1974) What works? Questions and answers about prison reform, *The Public Interest*, 35: 22-54.
Clarke, R.V.G. and Newman, G. (2006) *Outsmarting the Terrorists*. Westport, CT: Praeger.
Farrell, G. (2011) The crime drop and the security hypothesis, *Journal of Research in Crime and Delinquency*, 48/2: 147-75.

妊娠中絶法の改正
Donohue, J.J. and Levitt, S.D. (2001) The impact of legalized abortion on crime, *Quarterly Journal of Economics*, 116/2: 379-420.

有鉛ガソリン

Nevin, R. (2000) How lead exposure relates to temporal changes in I.Q., violent crime and unwed pregnancy, *Environmental Research*, 83: 1-22.

Nevin, R. (2007) Understanding international crime trends: the legacy of preschool lead exposure, *Environmental Research*, 104: 315-36.

Weatherburn, D., Halstead, I., and Ramsay, S. (2016) The great (Australian) property crime decline, *Australian Journal of Social Issues*, 15/3: 257-78.

第7章　犯罪をどうコントロールするのか？

参考文献

インフォーマルな社会統制

Tittle, C. (1980) *Sanctions and Social Deviance*. New York: Praeger.

Goffman, E. (1983) The interaction order, American Sociological Assocation, 1982 Presidential Address, *American Sociological Review*, 48/1: 1-17.

Toby, J. (1957) Social disorganization and a stake in conformity: complementary factors in the predatory behavior of hoodlums, *Journal of Criminology, Criminal Law and Police Science*, 48: 12-17.

Shapland, J. and Vagg, J. (1988) *Policing by the Public*. London: Routledge.

コントロール理論

Hirschi, T. (1969) *Causes of Delinquency*. Berkeley, CA: University of California Press.

Gottfredson, M. and Hirschi, T. (1990) *A General Theory of Crime*. Stanford: Stanford University Press.

Pasternoster, R. and Bachman, R. (2010) Control theories, in McLaughlin, E. and Newburn, T. (eds), *The Sage Handbook of Criminological Theory*. London: Sage.

年齢段階理論

Sampson, R. and Laub, J.H. (1993) *Crime in the Making: Pathways and Turning Points through Life*. Cambridge, MA: Harvard University Press.

Laub, J.H. and Sampson, R.J. (2003) *Shared Beginnings, Divergent Lives: Delinquent Boys at Age 70*. Cambridge, MA: Harvard University Press.
Sampson, R.J., Raudenbush, S.W., and Earls, F. (1997) Neighbourhoods and violent crime: a multilevel study of collective efficacy, *Science*, 277/5328: 918–24.

第8章　犯罪を防ぐにはどうすればいいのか？

引用元

149ページ：「犯罪および犯罪者の処遇について、人々がどんな気持ちを抱いているかを見れば、その国の文明の程度が非常によくわかる」　Winston Churchill: *Hansard Parliamentary Debates*, HC Deb, 20 July 1910 vol. 19, c.1354.

169ページ：「よく利用されている道路はたいてい安全な道路である。閑散とした道路はたいてい安全ではない」 Jacobs, J. (1992) *The Death and Life of Great American Cities*. New York: Pantheon, p. 34.

参考文献

「更生の理想」
Garland, D. (1987) *Punishment and Welfare*. London: Gower.

防犯空間
Newman, O. (1972) *Defensible Space*. New York: Collier.
Jeffery, C. Ray. (1971) *Crime Prevention through Environmental Design*. London: Sage.

社会的犯罪予防
High/Scope Perry Pre-School Project: <https://highscope.org/perrypreschoolstudy>.
Parks, G. (2000) The High/Scope Perry Pre-School Project, U.S. Department of Justice *Office of Juvenile Justice and Delinquency Prevention*, October Bulletin.

合理的選択
Clarke, R. and Cornish, D. (2001) Rational choice, in Paternoster, R. and Bachman, R. (eds), *Explaining Criminals and Crime*. Los Angeles:

Roxbury.
Cornish, R. and Clarke, R. (2014) *The Reasoning Criminal*. London: Transaction.

監視カメラの影響

Welsh, B.C. and Farrington, D.P. (2009) Public-area CCTV and crime prevention: an updated systematic review and meta-analysis, *Justice Quarterly*, 26/4: 716–45.

ニューヨークの犯罪の減少

Kelling, G. and Bratton, W. (1998) Declining crime rates: insiders' views of the New York City story, *Journal of Criminal Law and Criminology*, 88/4: 1217–31.
Harcourt, B. (2001) *Illusion of Order*. Cambridge, MA: Harvard University Press.

中和の技術

Sykes, G. and Matza, D. (1957) Techniques of neutralization: a theory of delinquency, *American Sociological Review*, 22/6: 664.

刑務所内の暴力の減少と予防

Wortley, R. and Summers, L. (2005) Reducing prison disorder through situational prevention: the Glen Parva experience, in Smith, M.J. and Tilley, N. (eds), *Crime Science: New Approaches to Preventing and Detecting Crime*. Cullompton: Willan Publishing.

再被害化

Farrell, G., Tseloni, A., and Pease, K., 2005. Repeat victimization in the ICVS and the NCVS, *Crime Prevention and Community Safety: An International Journal*, 7/3: 7–18.
Farrell, G., Phillips, C., and Pease, K. (1995) Like taking candy: why does repeat victimization occur? *British Journal of Criminology*, 35/3: 384–99.

ガス自殺

Clarke, R.V. and Mayhew, P. (1988) The British Gas suicide story and its criminological implications, *Crime and Justice*, vol. 10. Chicago:

University of Chicago Press.

転移と拡散

Weisburd, D. et al. (2006) Does crime just move around the corner? *Criminology*, 44/3: 549-91.
Weisburd, D., Wyckoff, L.A., Ready, J., Eck, J.E., Hinkle, J.C., and Gajewski, F. (2006) Does crime just move around the corner? A controlled study of spatial displacement and diffusion of crime control benefits, *Criminology*, 44: 549-92.
Guerette, R.T. and Bowers, K.J. (2009) Assessing the extent of crime displacement and diffusion of benefits: a review of situational crime prevention evaluations, *Criminology*, 47/4: 1331-68.

状況的予防の倫理学

Von Hirsch, A., Garland, D., and Wakefield, A. (eds) (2004) *Ethical and Social Perspectives on Situational Crime Prevention*. Oxford: Hart.
Jacobs, J. (1992) *The Death and Life of Great American Cities*. New York: Pantheon, p. 34.

第９章　犯罪学はどこへ行くのか？

引用元

176ページ：「現代の犯罪は資本の犯罪である」 Reiner, R. (2016) *Crime*. London: Polity Press.

参考文献

次の本には，犯罪学の過去，現在，未来のさまざまな展望を提示するすばらしい評論が見られる。

Bosworth, M. and Hoyle, C. (2011) *What is Criminology?* Oxford: Oxford University Press.

図の出典

図1

Figures taken from the FBI's uniform crime reports, compiled by the Disaster Center (DisasterCenter.Com):<http://www.disastercenter.com/crime/uscrime.htm>.

図2

From <http://www.statcan.gc.ca/pub/85-002-x/2016001/article/14642-eng.htm>.

図3

Based on data drawn from Home Office historical crime data:
<https://www.gov.uk/government/statistics/historical-crime-data>; and
Office for National Statistics:
<https://www.ons.gov.uk/peoplepopulationandcommunity/crimeandjustice/bulletins/crimeinenglandandwales/yearendingjune2016>.

図4

Based on data included in the ONS publication 'Crime in England and Wales: Year ending March 2017'
<https://www.ons.gov.uk/peoplepopulationandcommunity/crimeandjustice/bulletins/crimeinenglandandwales/yearendingmar2017#what-ishappening-to-trends-in-crime>.

図5

By permission of Prudential plc.

図6

Data drawn from the Bureau of Justice Statistics in the US:
<https://www.bjs.gov/content/pub/pdf/cpop93bk.pdf>.

図7

The Pew Charitable Trusts
<http://www.pewtrusts.org/~/media/assets/2014/09/pspp_crime_webgraphic.pdf?la=en>.

図8

Drawn using data from Franklin E. Zimring (2011) *The City that became Safe*. Oxford University Press.

図9

Data drawn from the Bureau of Justice Statistics in the USA:
<https://www.bjs.gov/content/pub/pdf/cpop93bk.pdf>.

図10

Data taken from *Prisoners in Australia*, published by the Australian Bureau of Statistics.

図11

Chart 1 in Mia Duvergne, Adult correctional statistics in Canada, 2010, 2011, *Statistic Canada Juristat*,
<http://www.statcan.gc.ca/pub/85-002-x/2012001/article/11715-eng.pdf>.

図12

High/Scope Educational Research Foundation (1999) *High-Quality Preschool Program Found To Improve Adult Status*. Ypsilanti, MI: High/Scope Educational Research Foundation, Copyright © 1999 HighScope Educational Research Foundation. Reprinted with permission from the HighScope Educational Research Foundation.

図13

Data taken from Clarke, R.V. and Mayhew, P. (1988) The British Gas suicide story and its criminological implications, *Crime and Justice*, Vol. 10. Chicago: University of Chicago Press.

▮著者

ティム・ニューバーン／ Tim Newburn

ロンドン・スクール・オブ・エコノミクスの犯罪学と社会政策の教授。2005年から2008年までイギリス犯罪学会の会長を務める。2005年にはイギリス社会科学アカデミーの会員に選出されている。また，これまで政府および数多くの刑事司法の案件のアドバイザーを務めている。学術誌『*Criminology & Criminal Justice*』の初代編集者であり，ベストセラー『*Criminology*』をはじめとする40冊以上もの書籍の執筆および編集に携わっている。

▮監訳者

岡邊 健／おかべ・たけし

京都大学大学院教育学研究科准教授。東京大学教育学部卒。同大学院教育学研究科博士後期課程中途退学。博士（社会学,中央大学）。専門は犯罪社会学・教育社会学。主な著書に『現代日本の少年非行』（現代人文社），『犯罪・非行の社会学〔補訂版〕』（有斐閣／単編）などがある。

▮訳者

大庭 有美／おおば・ゆみ

1989年オーストラリア移住。ニューサウスウェールズ大学医療科学士号取得。医療研究員や自閉症幼児セラピストなどを経て，シドニーの日系並びに現地メディアでバイリンガルライター・翻訳・通訳者として活動している。

林 カオリ／はやし・かおり

文筆家・編集者・翻訳エディター。合同会社パブリスプラス代表。関西学院大学社会学部卒。15年の豪州生活で身につけた語学力と国際的視野を生かし，書籍・新聞・雑誌など，多分野で執筆・編集活動を行う。

サイエンス超簡潔講座 **犯罪学**

2021年3月15日発行

著者　ティム・ニューバーン
監訳者　岡邊 健
訳者　大庭 有美　林 カオリ
翻訳，編集協力　有限会社ルーベック
編集　道地恵介
表紙デザイン　岩本陽一
発行者　高森康雄
発行所　株式会社 ニュートンプレス
〒112-0012　東京都文京区大塚 3-11-6
https://www.newtonpress.co.jp

ISBN 978-4-315-52340-9
